イノベーションの普及における正当化とフレーミングの役割

「自分へのご褒美」消費の事例から

鈴木智子 著

The role of legitimation and framing in the diffusion of innovation:
The case of 'self-reward' consumption
Satoko Suzuki

東京 白桃書房 神田

まえがき

　本書の中心テーマは，イノベーションのマーケティングである。中でも，イノベーションを広く普及させるためのコミュニケーション活動についてとりあげている。具体的には，正当化とフレーミングという2つの行為に注目している。

　これまでのイノベーション研究では，創造過程と普及過程は別々の専門領域で研究される傾向にあり，経営学は前者に注目してきたといえる（社会学や経済学が後者を主に研究してきた）。しかし，イノベーションを考える上では，創造だけでなく，普及についても考えなければいけない，という問題意識から本書の研究は出発している。創造されたイノベーションのすべてが普及していくわけではなく，実際，イノベーションの多くは普及に失敗していることはよく知られている。そこで，本書は経営学視点でイノベーションの普及を考え，イノベーションを普及させていくプロセスについて明らかにすることを目指している。

　本書では，イノベーション普及の一事例として消費様式の形成をとりあげている。イノベーションは，一般的には「技術革新」・「経営革新」と考えられているので，奇妙に思う方も多いだろう。しかし，実際にはイノベーションの範囲は幅広い。中でも，『イノベーションの普及』(2003)を執筆したエベレット・ロジャーズは，イノベーションの定義として「新しいと知覚されたアイデア，行動様式，あるいは物」をあげており，この「行動様式」には

消費様式も含まれる。たとえば，インターネットで買い物をする「オンライン・ショッピング」，環境に配慮した消費である「グリーン消費」，毎日の消費活動を通じて社会貢献をする行為である「エシカル消費」，自分を癒すために行う「癒し消費」などはすべて新しい消費様式であり，イノベーションである。これまでのイノベーション研究では，こうした消費様式が研究対象としてとりあげられることはあまりなかった。ゆえに，消費様式をイノベーションの一事例として分析することにより，これまでには見えてこなかったものが見えてくるのではないかと考えた。また，こういった消費様式は，近年，新たな需要を生み出しており，経済的に与えているインパクトも大きい。そのような現実をふまえると，これら消費様式についても研究することの意義があると考えた。

　本書はイノベーション研究とマーケティング研究の懸け橋となることを目指している。ゆえに，イノベーション分野とマーケティング分野双方の研究者に手に取っていただければ幸いである。特に，イノベーションを広めていく際のコミュニケーション活動に関心がある方，またイノベーションに付与される「意味」と普及の関係について関心がある方にぜひ読んでいただきたい。

　本書は学術的な研究書ではあるが，イノベーションの普及やマーケティングに関心をお持ちの実務家にも読んでいただければと思っている。なるべく平易な記述を心がけたものの，第Ⅰ部の理論は読みづらいものとなっている点は否めない。理論的な話よりも，現象により強い関心をお持ちの方には，ぜひ第Ⅱ部の実証研究から読み進めていただき，第Ⅰ部の理論は必要に応じて参照していただければ幸いである。とはいえ，第Ⅰ部の第1章はイノベーション普及の基本的な考えを整理した内容なので，イノベーションを普及させる上でどのようなことに注意すべきなのかといったことに関する手がかりを得るためにも，実務家の方にぜひ読んでいただきたいと思っている。もっとも，第1章はイノベーションやマーケティングの研究者の方にとっては新味がない内容かも知れない。しかし，第2章は組織論で展開されている「正当性」，ならびに社会運動研究でとりあげられているフレーミングの議論に着目して，イノベーション普及にそれら研究の知見を応用することを試みて

いるので，新たな視点を提供できているのではないかと思う。

　本書の内容が，イノベーションの普及に関心を寄せる研究者や学生の方，そしてイノベーションに取り組んでおられる実務家の方にとって，何らかの助けになることがあれば筆者として嬉しく思う。

＊　＊　＊

　なお，本書の中で，博士論文以外の形で公刊されている章は以下の通りである。ただし，すべての章において，大幅な加筆修正が行われている。

第4章：鈴木智子（近刊）「イノベーションの普及と正当化：『自分へのご褒美』消費を事例にして」『一橋ビジネスレビュー』夏号．

第5章：鈴木智子（2013）「消費の意味創造システムにおけるメディアの役割の再検討：メディアによる意味の創造」『商品研究』58（3/4），pp.15-29．

結　章：鈴木智子（近刊）「イノベーションの普及と正当化」『繊維製品消費科学』54（4）．

目　次

まえがき

序　章　イノベーション普及における課題

1. はじめに：問題の所在 …………………………………1
2. 分析対象：「自分へのご褒美」消費 …………………3
3. 分析方法：コミュニケーション・メッセージ
   の内容分析 ……………………………………………5
4. 分析概念：「正当化」と「フレーミング」 ……………7
5. 本書の構成 ………………………………………………8

第 I 部　理論的背景：先行研究のレビュー

第1章　文献レビュー：イノベーションの普及とは

1. はじめに …………………………………………………… 11
2. イノベーションの概念：そもそもイノベーションとは …………………………………………… 13
3. イノベーションの普及プロセスについて ……………… 16
4. イノベーション普及に影響を与える要素 ……………… 23
5. イノベーション普及研究の課題 ………………………… 27
6. まとめ ……………………………………………………… 28

第2章　分析概念：正当化とフレーミング

1. はじめに …………………………………………………… 31
2. 正当性と正当化プロセス ………………………………… 32
3. 社会運動団体とその活動の正当化に関する研究 ……………………………………………………… 39
4. フレーム理論 ……………………………………………… 43
5. 正当化プロセスとしてのイノベーション普及論に向けて ………………………………………… 45

第 II 部　実証研究：「自分へのご褒美」消費の普及

第3章　「自分へのご褒美」消費とは

1. はじめに …………………………………………… 51
2. 調査概要 …………………………………………… 52
3. 「自分へのご褒美」消費の発生および発展 ……… 52
4. イノベーション普及としての「自分への
   ご褒美」消費形成の理解 ………………………… 69
5. まとめ ……………………………………………… 75

第4章　企業によるコミュニケーション・メッセージの分析

1. はじめに …………………………………………… 79
2. 調査概要 …………………………………………… 80
3. 企業による「自分へのご褒美」消費の
   フレーミング活動 ………………………………… 82
4. 企業のフレーミング活動と「自分への
   ご褒美」消費の正当化 …………………………… 100
5. 「自分へのご褒美」消費の正当化に向けた
   フレーミング戦略 ………………………………… 103
6. 社会レベルでの集団的活動としての「自分
   へのご褒美」消費の正当化 ……………………… 105
7. まとめ ……………………………………………… 112

第5章　メディアによるコミュニケーション・メッセージの分析

1. はじめに ……………………………………………… 115
2. 調査概要 ……………………………………………… 116
3. 「自分へのご褒美」消費に関する雑誌記事
   の発生および発展 …………………………………… 120
4. 「自分へのご褒美」消費に関する雑誌記事
   の特徴と類型化 ……………………………………… 123
5. 女性誌による「自分へのご褒美」消費の
   フレーミング活動 …………………………………… 126
6. 女性誌のフレーミング活動と「自分への
   ご褒美」消費の正当化 ……………………………… 139
7. まとめ ………………………………………………… 141

結　章　正当化プロセスとしてのイノベーション普及論の概念フレームワーク

1. はじめに ……………………………………… 143
2. 発見事項のまとめ …………………………… 143
3. 正当化プロセスとしてのイノベーション
   普及論の概念フレームワーク ……………… 146
4. 理論的な含意 ………………………………… 153
5. 実務的な含意 ………………………………… 155
6. 残された課題 ………………………………… 157

あとがきと謝辞
参考文献
索　引

序章

イノベーション普及における課題

1. はじめに：問題の所在

　イノベーションが必要，と世間でもよく騒がれているが，そもそもイノベーションとは何だろうか。イノベーションとは，「新しいモノやサービス，プロセス，ひいては市場の創造につながる新しいアイデアである」と定義することができる。しかし，イノベーション（innovation）はインベンション（invention）とは異なるともよくいわれる。それは，イノベーションにおいては，新しいアイデアの「発見」（技術革新も含む）だけが重要なのではないことを意味している。新しいアイデアの発見は，イノベーションの出発点にしか過ぎない。新しいアイデアの発見は，それが価値を持ち，市場で受容され，社会に普及して，初めてイノベーションとなる。イノベーションとは革新による市場を通じた社会の改革であり，それは著しい社会変化（経済効果など）をともなわなければならないのである（武石・青島・軽部, 2012）。

　イノベーションをこのように捉えると，イノベーションを考える時には，考慮しなければならない点が2つあることに気づく。ひとつはどのようにイノベーションを生み出していくかという側面，もうひとつはどのようにイノベーションを社会に普及させていくかという側面である。本書では，後者のイノベーションの普及に焦点をあてる。

経営学におけるイノベーション研究を見ると，イノベーションの創造プロセスに注目しているものが多い（技術革新を促進する要因の解明を試みる研究や，イノベーションの創造者の特徴の解明を試みる研究などが一例である）。しかし，イノベーションは社会に広く普及してこそ初めて成功といえることを思えば，創造のみに着目していることは，イノベーション研究としては決して十分とはいえないであろう。もちろん，イノベーションの普及に関する研究がまったく存在しないわけではない。『イノベーションの普及』（*Diffusion of Innovations*, 2003)[1]を執筆したエベレット・ロジャーズ（Everett M. Rogers）はイノベーション普及の代表的研究者であるし，日本においても，宇野善康や青池愼一などが当分野を専門として研究を重ねてきた。しかし，イノベーションの創造過程と普及過程は別々の専門領域で研究される傾向があり（前者は心理学・社会心理学や経営学，後者は主として社会学や経済学），経営学観点からのイノベーション普及研究がまだまだ少ないと考えられる。

　経営学（マーケティング）におけるイノベーション普及研究でもっとも有名なのは，バス・モデル（bass model）であろう。バス・モデルとは，新製品の拡散過程を模擬するモデルである。バス（Bass, 1969）は，ロジャーズが『イノベーションの普及』の中で発表したイノベーション採用者の分類（採用者カテゴリー）に着目し，採用者と潜在的採用者との相互作用によって新商品が採用されていく過程を実証的に示した。その後，バス・モデルは多くの研究者たちによって改良が加えられ，多数の普及分析・予測モデルが開発された（Mahajan, Muller, and Bass, 1990）。しかし，これら普及理論は実用的な観点にもとづいており，予測力にこだわっているものが多い。そのため，イノベーションを社会に普及させていくプロセスそのものはあまり注目されてこなかった。そこで本書では，イノベーションの普及プロセスの重要性に焦点をあて，中でもイノベーションの普及者がイノベーションを普及させていくプロセスを明らかにすることを目的とする。いいかえるならば，現象としてのイノベーション普及ではなく，行為としてのイノベーション普

---

[1] 第1版は1962年に出版されており，2003年に出版されているのは第5版である。

及に注目する。具体的には，イノベーション普及者が発信するコミュニケーション・メッセージの内容やイノベーションに付与する意味の影響について検討していく。

イノベーションの多くは，人々の生活や社会に定着していた旧来からの製品・技術・スタイル・思想・行動様式などを代替していく。しかしそれは，革新的であるがゆえに，社会で受容されにくい（Rogers, 2003）。では，どのようにしてさまざまな壁を乗り越えて，イノベーションを広く社会に普及させられるのか。これが本書のリサーチ・クエスチョンである。

2. 分析対象：「自分へのご褒美」消費

イノベーションを普及させていくプロセスを分析し，そして概念化することが本書の目的である。分析の対象として，消費様式（consumption practices）[2] をとりあげる。これには2つの理由がある。ひとつは，ロジャーズがイノベーションの定義を「個人あるいは他の採用単位によって新しいと知覚されたアイデア，行動様式，あるいは物である[3]」（Rogers, 2003, p.16）とし，そこで消費も含まれる行動様式をあげているということである。もうひとつは，イノベーションは社会変化をともなわなければならないと述べたが，消費様式の変化そのものが社会変化であるため，分析対象が本書で定義するイノベーションであることの妥当性が高いと思われることである。具体的には，1990年以降に広まった「自分へのご褒美」消費をとりあげる。

「自分へのご褒美」消費を選択したのは，ここ数年，日本社会において大きな現象となっているからである。メーカーから小売，そしてラグジュアリー商品からマス商品まで，さまざまなモノやサービスにおいて，この消費様式が適用されているのが見受けられる。しかし，「自分へのご褒美」消費を日本人の伝統的な価値観や自己観に照らし合わせてみると，「自分へのご褒美」消費がそういった価値観や自己観とそぐわないことが浮かび上がって

---

2 ここでいう消費様式とは，ある社会あるいは集団の人々が共有している消費行動の枠組みのことである。主な例として「オンライン・ショッピング」「グリーン消費」「癒し消費」などがあげられる。
3 三藤（2007）の訳では，'practice' は「習慣」と訳されているが，本書では「行動様式」と訳した。

くる。それは,「自分へのご褒美」消費が,日本社会に存在している(あるいは,存在していた)文化的規範を越えて,広く普及していったことを示唆している。ゆえに,革新的であるがために社会で受容されにくいイノベーションの普及プロセスを概念化する上で,適切な事例であると判断した。

つぎに,イノベーションの普及者に関する問題がある。イノベーションの普及者として,イノベーションの創造者やその製造者であるメーカーなどの企業,流通業者,セールスマン,店員,普及員などのチェンジ・エージェント,さらにはオピニオン・リーダーなどが存在する(青池,2007)。本書はこれらのうち,まず企業に焦点をあてる。ただし,これはチェンジ・エージェントやオピニオン・リーダーの存在を無視することを意味しない。実際,「自分へのご褒美」消費においても,働く若い独身女性(OL)といった,日本社会において消費を牽引する彼女たちオピニオン・リーダーの影響は大きかったと考えられる。しかし本書で企業に焦点をあてるのは,イノベーションを普及させていくという視点において,採用者に影響を与える上で持つ資源力が大きいということと,イノベーションの創造者との距離が他の普及者よりも近いということの2点のためである。

さらに本書は,イノベーションの普及者としてメディアに焦点をあてた。従来のイノベーション普及研究では,メディアはイノベーションの情報の送り手と採用者を結びつけるチャネルとして捉えられてきたが(Rogers, 2003;青池,2007),本書ではメディアを企業と同様にイノベーションの普及者として捉えている。特に性別・年齢・趣味などで差別化された雑誌は,それぞれがターゲットとしているセグメントの考えや行動を形づくっており(Clammer, 1997),中でも女性誌は日本人女性に対する影響が非常に強いといわれている(小澤他,2005;熊谷,2003)。ゆえに,消費様式の普及を検討する上では,メディアを情報送信するチャネルとして捉えるのではなく,潜在的採用者に影響を与えるイノベーションの普及者として捉えるのが適切であると考えた。以上のことから,本書ではイノベーション普及者として企業とメディア(女性誌)の二者をとりあげる。イノベーション普及者の相互関係性に十分な注意を払いながら,イノベーション普及プロセスの分析を行う。

最後に，イノベーションの普及を表す変数に関する問題がある。バス・モデルなどの多くの普及分析・予測モデルでは，普及は売り上げ（Bass, 1969）または採用者数（Mahajan, et al., 1990）で表されている。本書では，分析対象として「自分へのご褒美」消費をとりあげているが，第3章で示すように，「自分へのご褒美」消費の対象は宝飾品からスイーツまで，さまざまである。そして，それら対象の平均単価も数十万円から数百円と幅広い。また，年間購買回数も対象によって異なる（年に1回程度から週に2～3回程度まで）。さらに，ある商品の売り上げにおいて，「自分へのご褒美」消費とそれ以外の消費を明確に切り分けることは非常に難しい。したがって，普及を表す変数として売り上げを採用することは困難であると判断した。つぎに，採用者数を変数とする場合だが，採用者数の変化を観察するためには，採用者数の比較可能な時系列データが必要である。しかし，そのようなデータは存在しない。そこで本書では，普及過程の本質は情報の伝達であるという考え方（イノベーション普及研究においては，イノベーションの普及は，イノベーションが人々に伝達される過程として捉えられている（青池，2007; Rogers, 2003））に注目し，普及の変数として情報量（「自分へのご褒美」が訴求された記事の数）を採用した。

3. 分析方法：コミュニケーション・メッセージの内容分析

　本書の分析方法は，コミュニケーション・メッセージの内容分析である。企業とメディアがイノベーションの普及者として，どのような内容のメッセージをイノベーションの潜在的採用者である消費者に伝え，採用をうながしたかを詳細に分析した。「自分へのご褒美」消費を普及させた企業とメディアのコミュニケーション内容を把握するために，本書では企業の広告宣伝ならびにメディアの記事を活用する。しかし，「自分へのご褒美」を訴求する広告や記事に関する体系的なデータは存在しない。そこで，分析に必要なデータを収集するために，2段階の作業を行った。まず，「自分へのご褒美」消費の変遷に関する歴史的分析（historical method; Golder, 2000）を行い，「自分へのご褒美」消費を普及させた具体的な企業やメディアの特定に努め

た。つぎに，それら企業やメディアの「自分へのご褒美」消費関連の広告や記事を収集した。

　内容分析には，「量的」な分析を重視するものと「質的」な分析を重視するものとの両方が存在する（Berelson, 1952; George, 1959）。内容分析の対象となる情報は質的なものだが，そういった情報から得られる質的データを数量化して処理するならば，それは「量的な分析」となる。内容分析を活用したマス・コミュニケーション研究の多くでは，メディア・メッセージを統計調査にもとづいて科学的に研究したものが多い（日吉，2004）。しかし，研究内容によっては，語の頻度よりもコミュニケーションの送り手の意図を推測すること（すなわち「質的」な分析）が重要となる場合があることも指摘されている（たとえばプロパガンダ研究など。George, 1959）。研究対象が持つ「質」を重視するのか，それとも質を「量」に変換して研究を進めるのかは，研究目的による。本研究の目的は，イノベーションの普及者が発信したコミュニケーション・メッセージの内容を特定し，そしてその内容の意味や特性を明らかにして，それらとイノベーション普及の関係を明らかにすることであった。ゆえに本書では，質的分析を採用した。

　さらに本書では，「自分へのご褒美」消費というひとつの事例を丹念に分析している。研究の目的がプロセスやミクロなメカニズムを明らかにすることである場合，ひとつの事例を深く探索することは適切であると考えられている（Pettigrew, 1987; Strauss and Corbin, 1997）。本研究の目的は，イノベーションの普及者がイノベーションを普及させていくプロセスを明らかにすることである。ゆえに，ひとつの事例を丁寧に分析することが適切であると考えた。

　本書では，データの収集方法やコーディングのシステム化などを工夫することで，客観性・科学性を持たせることに注意を払っている。とはいえ，本書は「自分へのご褒美」消費という一事例における，イノベーション普及者によるコミュニケーション内容を質的に分析した結果をもとに，イノベーション普及プロセスの概念化を行った。したがって，本書の研究スタイルは仮説検証型ではなく，仮説構築型であることをここに記しておきたい。

4. 分析概念:「正当化」と「フレーミング」

イノベーションの普及者がイノベーションを普及させていくプロセスを分析する概念として,本書は「正当化」(legitimation)と「フレーミング」(framing)に着目する。本書では,組織論における「正当性」(legitimacy)と正当化,ならびに社会運動研究におけるフレーミングに関する議論に着目し,それらの知見をイノベーション普及に応用することを試みた。

正当化とは,ある様式や制度をある特定のコンテクストの中で社会的・文化的・政治的に容認されるものとするプロセスである(Johnson, Dowd, and Ridgeway, 2006; Suchman, 1995)。たとえば,こういう場面ではこういう行動をとるのが当然だと人々が思いこんでいる時,その行動は正当化されているといえよう。具体的な例をあげると,ギャンブルはラスベガスにおいてはあたり前の行動と見なされており,正当化されている。正当性は,組織が存続する上で必要な資源を獲得するために必須であると考えられてきた(Dowling and Pfeffer, 1975; Parsons, 1960; Suchman, 1995)。本書では,イノベーションも多数の人に採用されるためには,正当性が必要であると考える。

そして,正当性を獲得するための手段として注目するのが,フレーミング活動である。フレーミングとは意味創造プロセスを表す概念であり,個人が世界や出来事の解釈を行う上で手引きとなる「フレーム」(Goffman, 1974)の創造・展開のことを指す。社会運動の研究では,社会運動団体が新規メンバーの勧誘,支持者の動員,あるいは資源の獲得などの目的を達成するために,フレーミング活動を行っていたことが明らかとなっている。

社会運動と同様に,イノベーションの普及者が,イノベーションに対してフレームを創造・展開してイノベーションを正当化することで,採用者を動員することが可能なのではないかと考えた。このことを探索・検討するため,本書では「自分へのご褒美」消費を事例としてとりあげ,企業やメディアが「自分へのご褒美」消費を促進するためにどのようなコミュニケーション活動を行ったかを探り,フレーミング活動・正当化・イノベーションの普及の関係を見ていく。

5. 本書の構成

　本書は2部構成である。第Ⅰ部では，文献レビューを行った。第1章は，イノベーション普及に関する文献を概観し，本書におけるイノベーション普及の考え方を提示し，「自分へのご褒美」消費様式の形成をイノベーションの普及として捉えるための視点を整理する。さらに，経営学におけるイノベーション普及研究の課題を提示し，本書の理論的位置づけを明らかにする。第1章は，イノベーション普及の基本的な考えを整理しているため，イノベーションやマーケティングの研究者にとっては新味に欠けると思われるが，本書の基盤をなす部分なので含めた。第2章では，正当化に関する理論のレビューを行い，イノベーション普及者がイノベーションを正当化させていくプロセスについて考える。さらに，正当化とフレーミングに関する理解を深めるため，社会運動研究におけるフレーミング論からフレーム研究まで幅広くレビューを行い，正当化プロセスとしてのイノベーション普及論の構築に向けて考える。

　第Ⅱ部は，「自分へのご褒美」消費の事例分析である。第3章では，まず分析対象である「自分へのご褒美」消費の歴史を振り返える。第4章では，企業による「自分へのご褒美」消費関連のコミュニケーション・メッセージを分析する。第5章は，メディアの「自分へのご褒美」消費関連のコミュニケーション・メッセージの分析である。そして結章で，イノベーションの普及者がイノベーションを正当化し，普及させていくプロセスの概念フレームワークを提示し，最後に理論的・実務的な含意を論じる。

第 I 部

理論的背景：先行研究のレビュー

第1章 文献レビュー：イノベーションの普及とは

1. はじめに

　本書では，「自分へのご褒美」消費様式の形成をイノベーション普及の事例としてとりあげる。具体的な事例分析に入る前に，イノベーション普及に関する既存研究のレビューを行う。このレビューの目的は2つある。第1の目的は，本書におけるイノベーション普及の考え方を提示し，「自分へのご褒美」消費様式の形成をイノベーションの普及として捉えるための視点を整理することである（イノベーション普及としての「自分へのご褒美」消費様式の形成に関する分析は第3章で行う）。第2の目的は，イノベーション普及研究が抱える問題や課題を特定し，本書の理論的位置づけを明らかにすることである。

　ロジャーズは，普及を構成する主要素には，「イノベーションの概念」「イノベーションの普及プロセス」「パーソナル・インフルエンス（個人的影響力）とオピニオン・リーダーシップ」「イノベーションの採用プロセス」「イノベーションの採用者カテゴリー」「社会の構造」，といった6つの要素があることを指摘した（Rogers, 2003）。この6つに，消費者行動の研究者であったガティグノンとロバートソンは，「企業のマーケティング活動」と「企業間の競争」の影響を加えた（Gatignon and Robertson, 1985）。本章では，これら

第1部　理論的背景：先行研究のレビュー

図1-1　イノベーション普及を構成する主要素

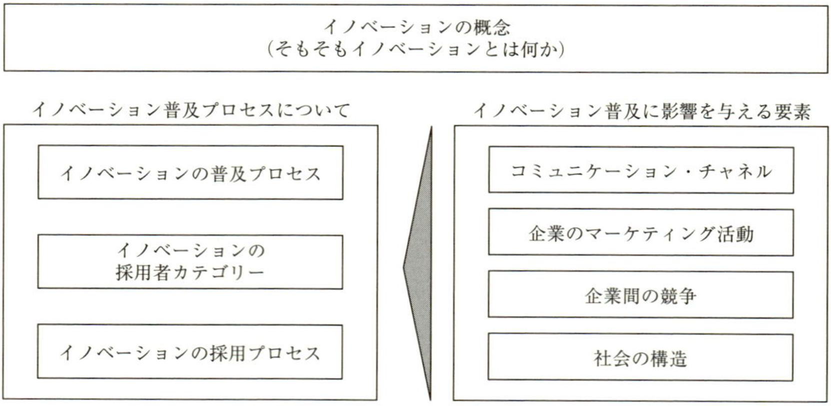

```
┌─────────────────────────────────────────────┐
│           イノベーションの概念                │
│     （そもそもイノベーションとは何か）         │
└─────────────────────────────────────────────┘

イノベーション普及プロセスについて    イノベーション普及に影響を与える要素

┌─────────────────────┐              ┌─────────────────────┐
│ イノベーションの普及  │              │ コミュニケーション・ │
│ プロセス             │              │ チャネル             │
└─────────────────────┘              └─────────────────────┘

┌─────────────────────┐              ┌─────────────────────┐
│ イノベーションの     │              │ 企業のマーケティング │
│ 採用者カテゴリー     │              │ 活動                 │
└─────────────────────┘              └─────────────────────┘

┌─────────────────────┐              ┌─────────────────────┐
│ イノベーションの採用 │              │ 企業間の競争         │
│ プロセス             │              │                     │
└─────────────────────┘              └─────────────────────┘

                                      ┌─────────────────────┐
                                      │ 社会の構造           │
                                      └─────────────────────┘
```

注：ロジャーズのパーソナル・インフルエンスとオピニオン・リーダーシップは，コミュニケーション・チャネルの一種と捉え（パーソナル・コミュニケーション），この図ではコミュニケーション・チャネルに内包した。

8つの要素（図1-1）にもとづいて主要文献を概観し，イノベーション普及に対する理解を深める。

　本章の構成はつぎの通りである。第2節では，イノベーションの概念について，これまでのイノベーションの定義をもとに，イノベーションの対象や特性をふまえつつ確認する。第3節では，イノベーションの普及プロセスを，まずはS字型曲線パターンと指数関数パターンの見解から理解する。つぎに，イノベーション普及に関係する採用者について確認する。最初に，バス・モデルのベースにもなっているイノベーションの採用者カテゴリーについて説明し，そして採用者のイノベーション採用決定過程（イノベーションの採用プロセス）について説明する。第4節では，イノベーションの普及に影響を与える要素をとりあげる。具体的には，イノベーションを普及させていくということを考える上で特に重要と思われるコミュニケーション・チャネル，企業のマーケティング活動，企業間の競争，そして社会の構造といった4つの影響について確認する。第5節では，イノベーション普及研究の課題を明らかにし，本書の理論的立ち位置を示す。最後にまとめとして，第2節から第5節でわかったことの要約を提示する。

2. イノベーションの概念：そもそもイノベーションとは

社会変化としてのイノベーション

　イノベーションとは，「革新する」「刷新する」という意味の英語の動詞 innovate の名詞形 innovation のことを指す。一般には，「新しいものを生み出すこと」「変化をもたらすこと」といった意味で使われることが多く，日本では「技術革新」「経営革新」などの意味で経済・経営分野で用いられることが多い。

　イノベーションというと，新しいアイデアの創造や技術発明と捉えられがちだが，序章でも書いた通り，イノベーションはインベンション（発明）とは異なる。イノベーションは，社会変化をもたらさなくてはならないのである。イノベーションにとって，革新は必要条件だが，十分条件ではない。新しいアイデアの発見は，イノベーションの出発点にしか過ぎない。新しいアイデア（技術革新も含む）は，それが価値を持ち，市場で受容され，社会に普及して，初めてイノベーションとなる。イノベーションとは革新による社会の改革であり，それは著しい社会変化（経済効果など）をともなわなければならないのである。

　この捉え方は，イノベーション研究の始祖となったヨーゼフ・シュンペーター（Joseph A. Schumpeter）に始まり，多くのイノベーション研究者によって踏襲されている。たとえば，武石他（2012）は，イノベーションを「経済成果をもたらす革新」（p.4）と捉えており，「研究開発活動等を通じた発明や発見，技術開発活動等を通じた実用化，生産体制や販売サービス体制の構築等を通じた事業化，そして市場取引を通じた社会への普及，という一連のプロセスを経て，経済成果がもたらされる革新」と説明している。米倉（2011）も，イノベーションとは「新しい経済的な価値を創造する一連の社会経済行為である。それは技術的な発明（インベンション）ではないし，技術革新にもとづく価値創造に限定されるものでもない。新市場の発見，組織の革新など新しい経済的な価値を創造するものはすべて含まれる」（pp.59-

60）と述べている。

■ イノベーションの対象

　上記の定義が示唆するのは，イノベーションがモノやサービスに限らないし，技術である必要もないということである。シュンペーターは，具体的なイノベーションのタイプとして，「新商品の開発」「新しい生産方法の開発」「新市場の開拓」「新しい供給源の獲得」「新組織の実現」の5つをあげており，イノベーションが商品だけではなく，プロセスや組織改革まで含めた概念であることを主張している（Schumpeter, 1926）。またロジャーズは，イノベーションを「個人あるいは他の採用単位によって新しいと知覚されたアイデア，行動様式，あるいは物である」（Rogers, 2003, p.16）と定義している。彼の定義に従えば，イノベーションには製品・サービス・施設・スタイル・技術・情報・ノウハウなど，さまざまなものが含まれる。彼がイノベーションで強調しているのは「新しさ」（newness）であり，その対象については限定していない[1]。

　たしかに，一口にイノベーションといっても，さまざまなものが世間には存在する。たとえば，価格の高いものもあれば安いものあり，きわめて新しいものもあれば小さな改変のものもある[2]。インターネットやスマートフォンの普及で人の行動様式が変わったこともイノベーションの一例であるし，新しい消費様式（consumption practices）の普及で消費の仕方や消費の目的が変わったこともイノベーションである。例をいくつかあげてみよう。ひとつ

---

[1] とはいえ，ロジャーズは普及研究における新しいアイデアのほとんどは技術的イノベーションであると述べ，『イノベーションの普及』においては「イノベーション」と「技術」を同義語として使っている（p.17）。

[2] ガティグノンとロバートソンは，イノベーションの分類に関する研究は限られていると述べつつも，3つの研究をあげている（Gatington and Robertson, 1985）。1つ目は，ロバートソンの研究である（Robertson, 1971）。この研究では，イノベーションを連続性の中に位置づけることを提案している。イノベーションは，既存の消費パターンに対する影響の度合いによって，連続的（マイナー）から非連続的（メジャー）なものに位置づけられるとした。2つ目は，ブーズ・アレン・アンド・ハミルトン社の研究である（Booz-Allen & Hamilton, Inc., 1981）。この研究は，イノベーションの分類をブランドの再ポジショニング・ブランド拡張・ライン拡張・企業にとって新しいもの・世の中にとって新しいもの，といった連続性で提案した。3つ目は，ヘニーの研究である（Heany, 1983）。この研究は，スタイル変更・商品ライン拡張・商品改善・（企業にとっての）既存市場に対する新商品・（企業にとっての）新規市場に対する新商品，といった商品イノベーションの範囲でイノベーションを分類することを提案している。

は，オンライン・ショッピングである。オンライン・ショッピングは，インターネットで買い物をするという，インターネットが普及する前には存在しなかった新しい消費様式である。ほかには，環境に配慮した消費である「グリーン消費」，毎日の消費活動を通じて社会貢献をする行為である「エシカル消費」，自分を癒すために行う「癒し消費」などがあげられる。本書では，イノベーションの一事例として，新しい消費様式である「自分へのご褒美」消費を第Ⅱ部でとりあげる。

イノベーションの基本特性

このように，イノベーションをイノベーションたらしめるものは，「新しさ」である。イノベーションは，まずもって，何らかの新しさや従来とは異なる側面を持っていなくてはならない。そして，この新しさは採用者によって決定づけられるのである。つまり，イノベーションの創造者がどれほど新しさを訴えようと，採用者がそのイノベーションを新しいと知覚しない限り，それは新しくないのである[3]。ロジャーズの言葉を借りるならば，「あるアイデアが個人にとって新しいものと映れば，それはイノベーションである」（Rogers, 2003, p.16）。

そしてもう1点，忘れてはならないのが，「不確実性」である。イノベーションがいかなる特性を持っていようとも，それが新しい限り，それは不確実性をともなう（Rogers, 2003）。そして，この不確実性がイノベーションの普及に大きな影響を与えているのである。潜在的採用者は，イノベーションの存在を知ると，同時にその採用にともなう結果に対する不確実性を抱く。彼らがあるイノベーションを初めて知った時には，そのイノベーションがどれほど優れており，また課題を解決してくれるか，といったことはほとんどわからないのである。イノベーションにともなう不確実性がある程度の水準まで減少すると，潜在的採用者は採用か拒絶かの意思決定を行う。ゆえに，イノベーションの普及とは不確実性の減少といっても過言ではないのである。

---

[3] ちなみに，この考え方は「新しさ」だけでなく，すべての特性にあてはまる。ゆえに，イノベーションの特性を英語で語る際には，"perceived innovation characteristics"（知覚されたイノベーションの特性）と表現されることが多い（Gatignon and Robertson, 1985 など）。

第 1 部　理論的背景：先行研究のレビュー

3. イノベーションの普及プロセスについて

普及プロセスのパターン

　イノベーションの普及プロセスは通常，S字型曲線のパターン（売り上げが時間の経過とともに増加）を示すと考えられてきた（Ryan and Gross, 1943; Coleman, Katz, and Menzel, 1957）。マーケティング研究の多くでも，S字型曲線のパターンが確認されており（Dodds, 1973; Heeler and Hustad, 1980; Nevers, 1972; Tigert and Farivar, 1981 など），多数の普及分析・予測モデルのもととなったバス・モデル（Bass, 1969）もS字型曲線パターンである（図1-2）。しかし，普及プロセスには他のパターンがあることも確認されている（図1-3; Cox, 1967; Polli and Cook, 1969; Rink and Swan, 1979）。

　普及パターンのカーブの形は，「社会的模倣または個人的影響力」「イノベーションに対する初期信念」「採用に向けて必要な学習の量」「イノベーションの不確実性」といった要因に影響を受けるといわれている（Gatignon and Robertson, 1985）。第1に，社会的模倣または個人的影響力の影響につい

図1-2　バス・モデルのS字型曲線パターン

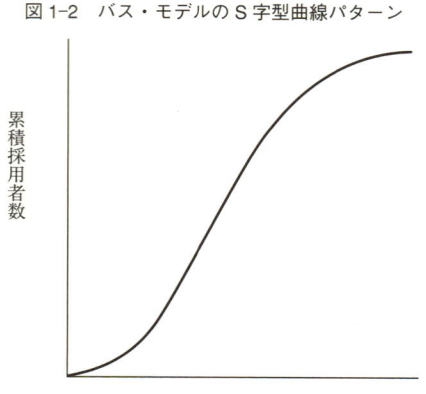

出所：Mahajan et al. (1990), 図1, p.4, 筆者にて一部修正。

第1章　文献レビュー：イノベーションの普及とは

図1-3　普及パターンの種類

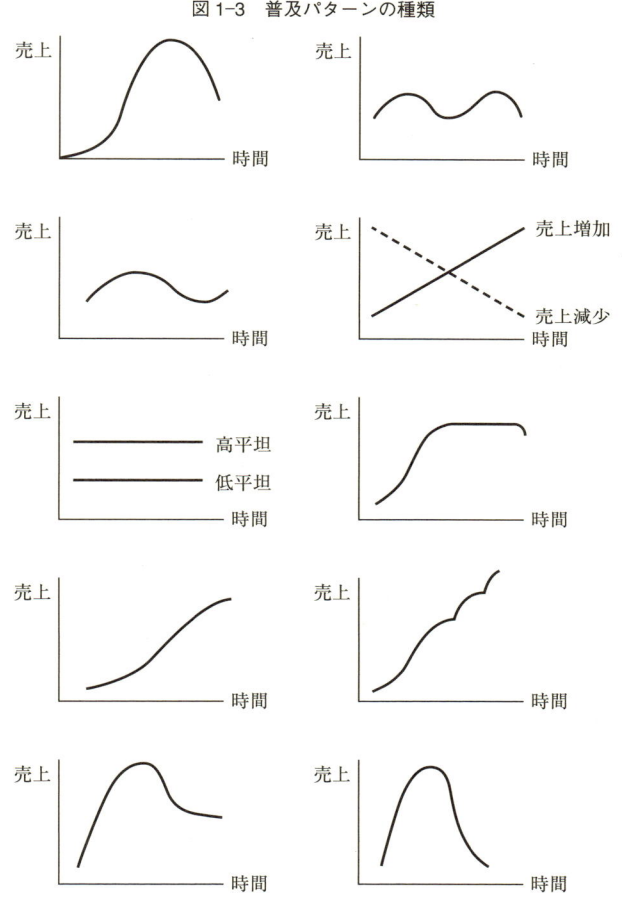

出所：Rink and Swan（1979），図1, p.222, 筆者にて一部修正。

てだが，一般的にS字型曲線はこれら2つの要因によるものと考えられてきた（Mansfield, 1961; Teece, 1980）。仮に，潜在市場に先導購入者のみが存在し，既購入者のプレッシャーの影響を受ける随購入者が存在しないとすると，指数関数のカーブが予測される（Fourt and Woodlock, 1960）。第2に，イノベーションに対する初期信念の影響についてだが，人々の初期信念が平均値を中心とした単峰形分布の場合，普及パターンはS字型曲線が予測される。それは，まず分布の片側に属する人々が企業によって説得され，そし

てやがて分布の中央にいる人々が説得され，売り上げが急激に増加するためである。いいかえるならば，少数から多数への説得の流れがS字型曲線を生み出すのである。反対に，人々の初期信念が社会で均一の場合，普及は一定速度で進んでいくため，指数関数のカーブが予測される。第3に，採用に必要な学習量の影響だが，かなりの量の学習を必要とする場合，普及プロセスはゆっくりと始まるため，普及パターンはS字型曲線が予測される。反対に，学習をあまり必要としない場合，普及速度は学習プロセスに妨げられないため，普及パターンは指数関数を見せることが多い。第4に，イノベーションの不確実性の影響だが，不確実性が高いほどより多くの情報を必要とする。すなわち，不確実性が高いほど学習を必要とし，S字型曲線になる傾向にあるのである。まとめると，個人的影響力または個人がイノベーションに対して持つ初期信念などによってイノベーションの普及速度は影響を受け，そして普及パターンの形は変わるのである。

イノベーションの採用者カテゴリー

さて，冒頭で述べたように，イノベーションとは革新による社会の改革であり，社会に普及して初めてイノベーションとなる。いいかえるならば，社会に属するある一部の人々によってイノベーションが採用されればよいのではなく，大多数の人々に採用されなければならないのである。しかし，社会に属する人々のすべてが同時にイノベーションを採用するわけではない。人によってイノベーション採用決定の時期は異なり，時間が経過するにつれてイノベーションの普及が進むのである。どのような人が，いつイノベーションを採用するかといったことを説明する上で有用なのが，採用者カテゴリー（Rogers, 2003）である。

採用者カテゴリーは，人々を革新性（innovativeness）にもとづいて区分している。革新性とは，イノベーション普及研究においては，人もしくはその他の採用単位が他の採用単位と比べてイノベーションを早く採用する度合いのことを指すといってよいだろう[4]。ロジャーズによれば，革新性は単に認

---

4 革新性の概念については，これまでに多くの研究者によって検討されている。ロジャーズ

識や態度の変化ではなく，明白な行動変化を示す指標である。採用者カテゴリーでは，採用者は「イノベーター」「初期採用者」「初期多数派」「後期多数派」「ラガード」の5つに分類される。表1-1に各採用者カテゴリーの説明をまとめた。

　イノベーションの普及においては，採用者カテゴリー間でさまざまな違いが見受けられる。そのひとつが，イノベーション決定期間の長さである。比較的早くイノベーションを採用する人々は，遅く採用する人々よりもイノベーション決定期間が短い。イノベーターは，他の人々に先んじてイノベーションの存在に気づくだけでなく，イノベーション採用の決定までに必要とする期間も短い（図1-4）。彼らが最初にイノベーションを採用するのは，イノベーションについて早く知るからだけでなく，イノベーション決定期間が短いためである。

　またコミュニケーション・チャネルの効果も，採用者カテゴリーごとに異なる。初期の採用者にとっては，インターパーソナル・コミュニケーションよりもマスメディア・コミュニケーションの方が相対的に重要である。イノベーターがイノベーションを採用する時には，イノベーションを採用したことのある人はほとんどいない。また，彼らは冒険的な性向を持っているため，マスメディアによる刺激のみで採用に至ることができる。反対に，後期の採用者がイノベーション採用を決定する時には，イノベーションを採用した人が大勢いるので，マスメディアに依存する必要性は少ない。また，彼らはあまり変化を好まないため，対人的ネットワークや同僚からの後押しを必要とする（コミュニケーション・チャネルについては，第4節でより詳しく説明する）。

（Rogers, 2003; Rogers and Shoemaker, 1971）によって提示された「革新性は，個人の新しいアイデアを採用することが，彼らが属しているシステムの他の成員に比べて相対的に早い度合いである」という定義が，イノベーション普及研究においては定着しているといえよう。しかしミッグリー（Midgley, 1977; Midgley and Dowling, 1978）は，ロジャーズの定義が測定の見地から行われており，測定されたものが革新性概念であるため，概念と測定が同語反復（tautology）であると批判している。この同語反復性を避けるために，ミッグリーは「革新性とは，個人が伝達された他の人々の経験情報に依存しないで，イノベーション決定を行う度合いである」（Midgley, 1977）と定義した。その後，ミッグリーは「個人の新しいアイデアの受け入れやすさ」も組み込み，「生得的革新性」（innate innovativeness）と称した（Midgley and Dowling, 1978）。

第1部　理論的背景：先行研究のレビュー

表1-1　ロジャーズの採用者カテゴリー

カテゴリー	社会におけるシェア	説　明	主な特徴
イノベーター	2.5%	社会で最初にイノベーションを採用する人々。	冒険好きで，大胆で，危険を引き受ける人であろうとする。
初期採用者	13.5%	イノベーションの採用決定において賢明な判断をする人々。彼らがイノベーションを採用することでイノベーションの不確実性が減少し，イノベーションがクリティカルマスに到達するための引き金となる。	社会のオピニオン・リーダー的存在であり，仲間から尊敬されていて，コミュニケーション・ネットワークの中心にいる。革新性においては平均的な人々と比べてそれほど先進的ではないため，多くの人々にとってロール・モデルとなる。
初期多数派	34.0%	イノベーションを採用する前にしばらく慎重になるが，それでも社会の半数が採用する前にイノベーションを採用する人々。	仲間と頻繁に交流するが，オピニオン・リーダーとなることは稀である。イノベーションを早くに採用した人々と遅くに採用する人々の中間という立ち位置のため，普及過程のつなぎ役を果たしている。
後期多数派	34.0%	社会の半数がイノベーションを採用した後にイノベーションを採用する人々。	イノベーションに対して懐疑的かつ警戒の念を持って接近するので，社会のほとんどがイノベーションを採用するまで，それを採用しようとしない。彼らがイノベーションの採用に納得するころには，社会はイノベーションに対して好意的になっている。この採用者カテゴリーを動機づけるためには，仲間からの圧力が重要である。
ラガード	16.0%	イノベーションを最後に採用する人々。	彼らは，イノベーションの認知からかなり時間が経ってから，それを採用する。彼らは，イノベーションの採用において注意深い。ゆえに，採用以前に「うまくいくことが確実」でなければならない。

注：採用者の革新性にもとづいて，採用時点の平均値から標準偏差分ずつずらすことで，5つの採用者カテゴリーに区分される。
出所：Rogers（2003）にもとづいて，筆者作成。

第1章 文献レビュー：イノベーションの普及とは

図1-4 採用者カテゴリーごとのイノベーション決定期間

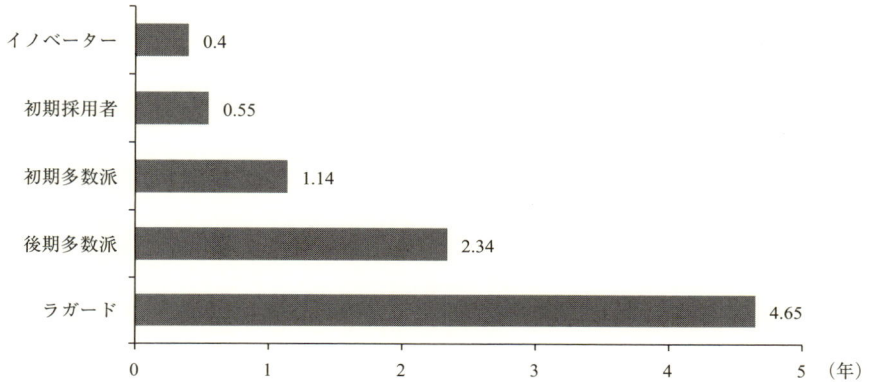

注：ビールとロジャーズ（Beal and Rogers, 1960）が収集した，アイオワ州の農民148人における除草剤スプレー採用のデータにもとづく。
出所：Rogers（2003），図3-4, p.143。

イノベーションの採用プロセス

さてイノベーションの普及とは，イノベーションが潜在的採用者によって採用され，社会に広がっていく過程である。いいかえるならば，イノベーションの普及には，潜在的採用者によるイノベーションを採用するかしないかといった意思決定が含まれるのである。

イノベーションの採用決定とは，人がイノベーションについて知ってから採用に至るまでの心理的・行動的過程である。ロジャーズは，イノベーション決定過程を「潜在的採用者が初めてイノベーションに関する知識を獲得してから，イノベーションに対する態度を形成して，採用するか拒絶するかの意思決定を行い，新しいアイデアを導入・使用し，そしてその意思決定を確認するに至る過程」と定義している（Rogers, 2003, p.85）。

イノベーション決定過程は，本来的に情報探索ならびに情報処理活動である（Rogers, 2003）。人はイノベーション決定過程でイノベーションに関する情報を入手し，イノベーションの不確実性を減少させて，イノベーションの採用または不採用を決定するのである。

後に，イノベーションには観念要素（idea component）と物質的要素（ma-

21

terial component）といった2つの要素があると考えられるようになり，イノベーション決定過程も，その観念を受け入れるか否か，そしてそれを使用するか否か，の2つの決定事項があるとされた（Klonglan and Coward, 1970）。クロングランとコワードは，イノベーションの観念を受け入れるか否かといった過程を「象徴的採用」（symbolic adoption）と呼んだ。そして，この象徴的採用を使用採用前に位置づけ，イノベーション決定過程を2つの局面で構成した（図1-5）。第1の局面（局面A）は，イノベーションの「知覚」に始まり，「情報」と「評価」を経て，「象徴的不採用」または「象徴的採用」が行われる。第2の局面（局面B）は，イノベーションの「象徴的採用」に始まり，「試行」を経て，「試行」を受け入れた後に（「試行」を却下する場合もある），「使用採用」に至る。

具体的な例をあげると，オンライン・ショッピングという新しい消費行動に接した時，まず，インターネットで買い物をするという考え方を採用するか否かの決定があり，つぎに，そのような消費行動を行うか否かの決定があるということである。クロングランとコワードの象徴的採用決定過程は，「自分へのご褒美」消費などの象徴的消費を考える上では特に有用であると思われる。消費の意味を重視する象徴的消費では，概念の受け入れがその採用に大きく影響を与えると考えられるためである。

図1-5 イノベーションの象徴的採用決定過程

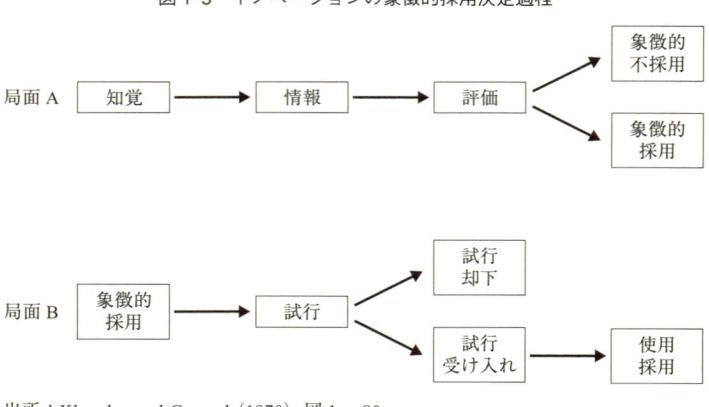

出所：Klonglan and Coward（1970），図1, p.80．

4. イノベーション普及に影響を与える要素

コミュニケーション・チャネル

　ここまででイノベーションの普及について説明した。つぎにイノベーション普及に影響を与える要素について説明していく。まずはコミュニケーション・チャネルの影響をとりあげる。

　これまでのレビューで明らかとなったのは、イノベーションの採用決定とはイノベーションに本来的にかかわる不確実性を減少させていく過程であるということである。そして、この不確実性は情報によって減少される。ゆえに、普及過程の本質は情報の伝達といっても過言ではない（青池, 2007; Rogers, 2003）。

　では、イノベーションの潜在的採用者は、不確実性を減少させる情報をどこから得るのだろうか。潜在的採用者は、コミュニケーション・チャネルを通じて、イノベーションに関する情報を得るのである。イノベーション普及研究では、コミュニケーション・チャネルは大きくマスメディア・コミュニケーション（mass media communications）とインターパーソナル・コミュニケーション（interpersonal communications）の2つに分けられて考えられてきた。マスメディア・コミュニケーションとは、ラジオ・テレビ・新聞などのマスメディアを介してメッセージを伝達する方法である。インターパーソナル・コミュニケーションとは、対面でメッセージを伝達する方法である。

　ロジャーズによれば、マスメディア・コミュニケーションは知識を生み出して、情報を拡散させることは可能だが、人の態度を変容させることはあまりない。反対に、インターパーソナル・コミュニケーションでは、人はイノベーションについて明確な情報を手に入れることができるため、態度を形成したり、変容したりすることが可能である。ゆえにロジャーズは、マスメディア・コミュニケーションが相対的にイノベーション決定過程の知識を獲得する段階で重要であり、またインターパーソナル・コミュニケーションは態度を形成する段階で重要であると考えた。

第1部　理論的背景：先行研究のレビュー

　さらに青池（2007）は，コミュニケーション・チャネルの効果を，「チャネルのカバレッジ」「イノベーション評価情報の十分性・適切性」そして「コミュニケーションの送り手やチャネルの信憑性」という3つの点で説明している。第1に，チャネルのカバレッジについてだが，マスメディアは広範囲に情報を伝達することが可能であり，カバレッジが高い。ゆえに，イノベーションの存在を社会に知らせ，それに関する知識を広めるのに効果的である。反対に，インターパーソナル・コミュニケーションは対面コミュニケーションのため，マスメディアと比較するとカバレッジが限られてしまう。第2に，イノベーション評価情報の十分性・適切性についてだが，マスメディアを介して送り出される情報は，一般的な内容となりがちである。しかし，イノベーションに対する好意的・非好意的な態度を形成する上では，一般的な情報やイノベーションのプラス面に関する情報だけでは不十分といわれる。反面，インターパーソナル・コミュニケーションでは，実際の使用経験にもとづくイノベーション評価情報であったり，イノベーションの短所や問題点といったマイナス面に関する情報を含んでいたりする。最後に，コミュニケーションの送り手やチャネルの信憑性についてだが，イノベーションの不確実性を減少させて，その採用・不採用の決定を行っていく上では，イノベーションの情報がどのような送り手やチャネルからもたらされているかということも重要である。マスメディアはチャネルとしての信憑性評価は高いものの，広告チャネルとしての側面も持つため，その主張に対する信用の度合いは低く評価されがちだといわれている[5]。しかし，すでにイノベーションを使用している人々からもたらされる情報の信憑性は高い。イノベーションの採用者と潜在的採用者の間に関係が築かれている場合，採用者の情報に対する信憑性はさらに高く評価されがちである。

　ロジャーズによる『イノベーションの普及』の出版後，コミュニケーション・チャネルと普及に関して膨大な数の研究が行われたが，その爆発的な増加をもたらしたきっかけとなったのがバスの普及モデルである。バスは，ロジャーズの研究にもとづいて，マスメディア・コミュニケーションに影響を

5　これは，広告主に購入意向を高めたいという思惑があると考えられるためである。

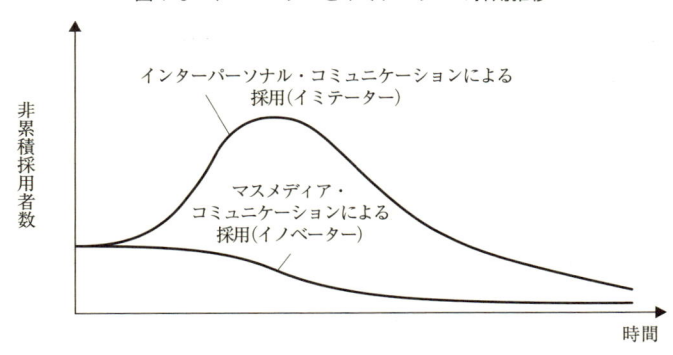

第1章 文献レビュー：イノベーションの普及とは

図1-6 イノベーターとイミテーターの採用推移

（縦軸：非累積採用者数、横軸：時間）
インターパーソナル・コミュニケーションによる採用（イミテーター）
マスメディア・コミュニケーションによる採用（イノベーター）

出所：Mahajan et al.（1990），図1, p.4, 筆者にて一部修正。

受けるイノベーションの潜在的採用者（イノベーター）とインターパーソナル・コミュニケーションに影響を受ける潜在的採用者（イミテーター）を変数として，イノベーションの採用速度を予測するモデルを開発した。バス・モデルによれば，マスメディア・コミュニケーションにもとづいて新製品を採用するイノベーターは，普及過程を通じて継続的に存在するものの，相対的に普及初期に集中している。また，時間が経過するにつれて，マスメディア・コミュニケーションよりもインターパーソナル・コミュニケーションが重要となる（図1-6）。

インターパーソナル・コミュニケーション，特に個人的影響力とオピニオン・リーダーシップは，普及論でよくとりあげられる要素である（Gatignon and Robertson, 1985）。イノベーション普及において，オピニオン・リーダーとは，社会の人々にイノベーションに関する情報を提供したり，助言したりする存在である。多くの研究者は，イノベーションの普及過程の進行・延滞・停止には，第一次的な人間関係を通じて行われるインターパーソナル・コミュニケーションがもっともかかわっていると考えた（青池, 2007; Rogers, 2003）。

イノベーション決定過程の段階で適切なコミュニケーション・チャネルを用いることは，イノベーションを普及させる上で重要である。不適切なコミュニケーション・チャネルを用いると，イノベーション決定過程の進行を

遅滞させてしまい，その結果，イノベーションの普及が遅れてしまう（Rogers, 2003）。このことは，イノベーションを普及させていくという観点において，重要な示唆を与えている。

企業のマーケティング活動

企業のマーケティング活動も，普及に影響を与える要素である。特に，マーケティングが需要の拡大を目的としていることから，その活動が普及レベルの最大化に影響を与えると考えられる（Gatignon and Robertson, 1985）。また，マーケティング活動が普及速度に影響を与えることも明らかにされている。具体的には，広告・価格・人的販売などのマーケティング・ミックスの変数が普及モデルに含まれたところ，マーケティング努力が大きいほど普及速度が速いことが示された（Bass, 1980; Horsky and Simon, 1983; Lilien, Rao, and Kalish, 1981; Simon and Sebastian, 1987など）。さらには，セグメントによって普及速度が異なることから（Robertson and Wind, 1980），マーケティング活動の目的とセグメントのニーズが合致した場合，普及速度が速まることも示唆されている（Gatignon and Robertson, 1985）。

企業間の競争

企業間の競争も，普及プロセスに影響を与えると考えられる。一般的に，企業間の差別化が少ない場合，競争は需要に対して正の効果を持つ。ゆえに，同じイノベーションに対して競争活動が多いと，イノベーションの採用ポテンシャルは高まり，また普及速度は速まると考えられた（Gatignon and Robertson, 1985）。

イノベーション普及と競争に関する議論は，イノベーション普及を流行理論や組織の同型化（isomorphism）理論で捉えた研究（Abrahamson, 1991; DiMaggio and Powell, 1983; Meyer and Rowan, 1977など）にも見ることができる。これら研究によれば，競合がイノベーションを採用すると，企業はそれを採用することが当然のこととなり，採用することになるという。

社会の構造

最後に,イノベーション普及に対する社会の影響について触れておく。普及は社会の内部で発生する。それゆえ,社会の構造はイノベーションの普及に影響をおよぼす。コミュニケーション研究者であるエリフ・カッツ (Elihu Katz) は,「社会構造についての知識を持たずに,普及研究することなど到底考えられない」(Katz, 1961) とさえ述べている。社会構造は,イノベーションの普及を促進することもあれば,阻害することもある。ゆえに,イノベーションの普及を考える者は,普及の舞台となる社会の構造を理解しておくことが重要となる。

社会とは,「価値観と規範」「社会の進化」「社会成員の同質性」の3つの側面で特徴づけることができる (Gatignon and Robertson, 1985)。それぞれのイノベーション普及に対する影響を見ていく。第1に,価値観と規範の影響についてだが,社会で共有された価値観や規範とイノベーションが適合すると,イノベーションの普及速度や普及ポテンシャルは高まると考えられる (Gatignon and Robertson, 1985; Rogers, 2003; Rogers and Kincaid, 1981; Wellin, 1955)。反対に,文化的規範や宗教的規範などによって,新しいアイデアなどのイノベーションに対して抵抗が生じることもある。第2に,社会進化の影響についてだが,社会の価値観や規範は必ずしも一定ではなく,普及期間にわたって変化することもあり,このような社会進化は普及ポテンシャルに影響を与える。最後に,社会成員の同質性の影響についてだが,社会はさまざまなセグメントで構成されており,各セグメントの普及パターンは異なる。ゆえに,社会の分裂度合いが低く,社会が同質であるほど,普及は速く,また普及ポテンシャルも最大化されると考えられる (Gatignon and Robertson, 1985)。

5. イノベーション普及研究の課題

さて,経営学におけるこれまでのイノベーション普及研究の多くは,イノベーションが普及する速度を説明・予測することに焦点をおき,普及に影響

を与える要素の特定に重点をおいている。特に，マーケティングにおける普及理論の多くはバス・モデルに由来しているが（Hauser, Tellis, and Griffin, 2006; Peres, Muller, and Mahajan, 2010），バス・モデルをはじめとする普及モデルの多くは，コミュニケーションの内容については取り扱っていない。いいかえるならば，普及モデルは，コミュニケーションの内容が潜在的採用者を動員する上で適切であるということを暗黙のうちに仮定しているのである。

本書では，本章の第2節と第3節で明らかになっているように，イノベーションの普及とは不確実性を減少させていく過程であり，本質的には情報の伝達であると捉える。情報の送り手やコミュニケーション・チャネルの信憑性がイノベーション普及に影響を与えることはすでに明らかにされているが（青池, 2007），コミュニケーションの内容も影響を与えると考えられる。たとえば，イノベーションを評価するのに不適切な情報は，ある程度の量が適切なコミュニケーション・チャネルを介して伝えられたとしても，普及に与える効果は低いであろう。しかし既存研究には，イノベーション普及におけるコミュニケーションの内容に着目したものは少ない。そこで本書は，イノベーション普及におけるコミュニケーションの内容に焦点をあて，中でもイノベーションの普及者が創造・展開するイノベーションの意味に着目し，彼らがイノベーションを普及させていく過程を明らかにする。

6. まとめ

本章では，イノベーション普及に関する先行研究のレビューを行った。以上のレビューから，本書におけるイノベーション普及の考え方を明らかにすると同時に，本書の理論的な立ち位置を示した。以下，本章でわかったことをまとめておく。

第1に，本書では，イノベーションを「個人あるいは他の採用単位によって新しいと知覚されたアイデア，行動様式，あるいは物である」（Rogers, 2003, p.16）と捉え，それが技術革新だけでなく，新しい消費様式まで含めた広い概念であると考える。そして，イノベーションの一事例として，「自分へのご褒美」消費をとりあげる。

第2に，本書は，イノベーションの普及を，潜在的採用者がイノベーションに対して知覚する不確実性を減少させていくプロセスと考える。イノベーションをイノベーションたらしめるのは「新しさ」であるが，その「新しさ」はイノベーションに「不確実性」を与える。潜在的採用者は，イノベーションの採用にともなう不確実性がある程度まで減少すると，採用か拒絶かの意思決定を行う。「自分へのご褒美」消費にどのような「不確実性」があり，その不確実性がどのように減少していったかについては，第Ⅱ部で検討する。

　第3に，イノベーション普及に影響を与える要素として，コミュニケーション・チャネル，企業のマーケティング活動，企業間の競争，そして社会の構造があげられる（図1-1）。本書では，「自分へのご褒美」消費が普及していく中で，これら要素がどのような役割を担っているかについても明らかにしていく。

　そして最後に，イノベーション普及研究の多くは，イノベーションが普及する速度を説明・予測することに焦点をおき，普及に影響を与えるコミュニケーションの内容については取り扱っていない。本書は，イノベーション普及研究の空白を埋めるべく，イノベーションの普及におけるコミュニケーションの内容について検討する。

第2章 分析概念：正当化とフレーミング

1. はじめに

　前章では，イノベーション普及に関する先行研究のレビューを行い，イノベーションが「新しさ」と「不確実性」を備えているがゆえに，社会で受容されにくいということを明らかにした（Rogers, 2003）。では，どのようにしてイノベーションが抱える不確実性を減少させて，広く社会に普及させられるのか。このことを考えるための切り口とするのが，「イノベーションを正当化していく」という視点である。詳しくは本章で説明するが，先に簡単にまとめておくと，イノベーションを「あたり前」のものとすることで，その不確実性を削減し，潜在的採用者の採用決定をうながすということである。本書では，イノベーションの普及者がイノベーションを正当化し，普及させていくプロセスを明らかにすることを目的とする。この目的の達成に向け，本章では，組織論で展開された正当性と正当化プロセスの議論，ならびに社会運動研究のフレーミング論に学び，そして正当化プロセスとしてのイノベーション普及論の構築に向けた研究課題を示す。

　本章の構成はつぎの通りである。第2節では，正当性に関するさまざまな視点を概観し，その上で本書が採用する正当性の概念を提示する。そして，正当性を獲得するための正当化戦略ならびに正当化プロセスに関する文献を

レビューする。第3節では，イノベーションの普及者が正当性を獲得するために，具体的にどのようなコミュニケーション活動を行えばよいのかを考えるために，社会運動研究におけるフレーミング論などの社会運動団体とその活動の正当化に関する研究成果を学ぶ。第4節では，フレーミング活動のカギであるフレームについて理解を得るため，フレーム研究に関するレビューを簡単に行う。そして最後に，正当化プロセスとしてのイノベーション普及論の構築に向けた研究課題を提示する。

2. 正当性と正当化プロセス

正当性とは

本書では，イノベーションの普及者がどのようにしてイノベーションが持つ不確実性を減少させて，それを広く社会に普及させていくかについて考える。このことを考えるための切り口とするのが，「イノベーションを正当化していく」という視点である。「正当化」とは，ある様式や制度などをある特定のコンテクストの中で社会的・文化的・政治的に容認されるものとするプロセスである（Johnson, et al., 2006; Suchman, 1995）。たとえば，こういう場面ではこういう行動をとるのが当然だと人々が思いこんでいる時，その行動は正当化されているといえよう。

正当化について考える前に，「正当性」について確認しておく。正当性は，古くから考えられてきた社会思想に関する問題のひとつであり（Zelditch, 2001），実にさまざまな定義が存在するが，本書ではサックマン（Suchman, 1995）の定義を採用する。サックマンは正当性を次のように定義している。

> 正当性とは，ある主体の行為が，ある社会的に構成された規範・価値・信念・定義のシステムにおいて，望ましい・真っ当である・適切であるとされる一般的な認知または想定である（p.574）。

サックマンの定義は，それまでの議論で明らかにされた，正当性に関する3

つの視点を取り込んだやや広めの概念となっている。第1の視点は、評価的側面（evaluative dimension）である。正当性とは、組織が自らの存在や活動の意義を弁明するプロセスであるということである。第2の視点は、認知的側面（cognitive dimension）である。正当性とは、社会で共有された価値や規範などが、組織とその活動が存在することの理由を説明できる程度であるということである。そして、第3の視点とは、正当化のプロセスにおいて社会的観客（social audience）の役割を認識している点である。正当性とは、ある社会グループで共有された価値や信念との適合でもあり、それは社会的に構成されるものである。ゆえに、正当性は集団的な観客に依存している。

組織にとって、正当性は存続のために必須であると考えられてきた（Dowling and Pfeffer, 1975; Suchman, 1995）。たとえば、正当性は存続に必要な資源を組織にもたらす。人々は、望ましく、真っ当で、適切と思われる企業に資源を提供する可能性が高いためである（Parsons, 1960）。

正当性に対する戦略論的アプローチと制度論的アプローチ

正当性の議論には、正当性を操作可能な資源（operational resource）と捉える戦略論的アプローチ（Pfeffer, 1981など）と、構造的信念（constitutive beliefs）として捉える制度論的アプローチ（DiMaggio and Powell, 1983, 1991; Meyer and Rowan, 1991; Meyer and Scott, 1983など）がある。サックマンは、それら2つの中間の立場をとっている。正当性に対する戦略論的アプローチと制度論的アプローチのそれぞれを詳しく見ていく。

戦略論的アプローチをとる研究者は、正当性を操作可能な資源と捉え、組織は目標を達成するために、正当性を環境から抽出すると考えた（Ashforth and Gibbs, 1990; Dowling and Pfeffer, 1975）。戦略論的アプローチの研究者は、組織が社会的支持の獲得を目的として象徴（symbols）の操作を行うと考え、組織の戦略的な行動を強調した（Pfeffer and Salancik, 1978など）。戦略論的アプローチの見解によると、正当化とは意図的であり（purposive）、計算されており（calculated）、そして多くの場合、敵対的である（oppositional）。

一方、制度論的アプローチの研究者は正当性を構造的信念として捉え、組織が正当性を環境から抽出するのではなく、むしろ社会で共有された価値や

規範が組織のあり方（組織がどのようにつくられ，運営され，理解され，そして評価されるか）を決定すると考えた。社会で共有された価値・規則・規範は，社会的に妥当な構造や手続きを組織に対して特定するため，組織は社会的価値・規則・規範に一致した構造や手続きをどのように組み込むかによって，正当性の獲得とその存続が左右される。

戦略論的アプローチと制度論的アプローチは，その後，スウィドラー（Swidler, 1986）やサックマンによって集約されることとなる。現実に存在する組織は戦略論的な実務課題と制度論的な構造的プレッシャーの両方に直面するため，この二重性をより大きな視点に組み込んで，正当性を操作可能な資源として働きかける際と，構造的信念として働きかける際の両方をとりあげる必要があることが強調された。本書では，サックマンの立場を採用し，正当性が社会で共有された価値や規範において望ましいとされる一般的認知であると捉えると同時に，それが戦略的に獲得できるものであると考える。

正当性の類型

サックマンは，正当性に「実践的正当性」（pragmatic legitimacy），「道徳的正当性」（moral legitimacy），「認知的正当性」（cognitive legitimacy）といった3類型があることを特定した。まず実践的正当性とは，シンプルにいうならば，関係者が得られると期待する価値にもとづいて組織とその活動を支援することである。それは関係者の利己的な思惑に依拠している。つぎに道徳的正当性は，組織とその活動に対するポジティブで規範的な評価を反映している。実践的正当性がその活動が評価を行う関係者の便益になるかといった判断であるのに対し，道徳的正当性はその活動が「正しいことであるか」といった判断であり，社会で共有されている価値や規範が関係している。そして認知的正当性は，関心や評価にもとづいた正当性ではなく，認知にもとづいたものである。認知的正当性では，組織とその活動が社会において「あたり前」（taken-for-granted）の存在として認知される。正当性の3類型は，行動のダイナミクスでは異なるものの，組織とその活動がある社会的に構成された規範・価値・信念・定義のシステムにおいて適切で好ましいといった一般的認知を含んでいるという点において共通している。

第 2 章　分析概念：正当化とフレーミング

正当化戦略

　ここまでのレビューでも明らかとなっているように，組織とその活動は正当性を獲得していく。正当性は獲得され，そして維持されなければならない。また場合によっては，修復されなければならない。サックマンは，正当性を管理するための戦略を提示している。本書では，「イノベーションを正当化していく」ということを考えていくが，サックマンの正当化戦略の中でも，正当性の獲得に関する戦略が参考になる。そこで，正当性獲得に関する戦略を詳しく見ていくことにする。その前に，正当性獲得に立ちはだかる課題を整理しておく。

　正当性の獲得に向け，組織とその活動は「新しさの負債」（liability of newness）を抱えている。特に，組織とその活動に不確実性やリスクがあったり，その目的が慣習とそぐわなかったりする場合，人々はそれらを支持しない傾向にある。サックマンは，新しい活動を既存の「あたり前」の存在に統合することで，この「新しさの負債」に対応できると述べている。しかし，その新しい活動の存在意義を示すためには，それを既存のものから区別する必要もある。正当性を獲得するためには，この2つを同時に成立させなければならない。

　正当性の獲得に向け，サックマンは「環境との適合」「環境の選択」「環境の操作」，といった3つの戦略をあげている（表2-1）。それぞれの戦略の内容は，正当性の類型ごとに異なる。ひとつずつ見ていくことにする。

　第1の戦略は，環境に適合することである。組織とその活動が正当性を獲得するのにもっとも簡単な方法は，すでに正当性を獲得している既存の制度に適合することである。適合の性質は，実践的正当性・道徳的正当性・認知的正当性のそれぞれで異なる。まず実践的正当性の獲得に向けた環境との適合とは，関係者からの要求との適合を指す。具体的な方法はいろいろとあるが，サックマンは，関係者のニーズ（彼らが持っている期待や条件など）に応えること，または影響力のある人に支持を頼み，特に意思決定プロセスへの参加を依頼するということをあげている。また，実践的正当性の獲得には評判を築くことも必要とすることを述べている。ビジネスの評判や活動に関

第Ⅰ部　理論的背景：先行研究のレビュー

表2-1　正当化戦略（正当性の獲得）

	環境との適合	環境の選択	環境の操作
実践的正当性	●関係者の要求に適合する －関係者のニーズに応える －影響力のある人に支持を頼む －評判を構築する	●市場を選択する －友好的な関係者を特定する －仲間を募る	●広告する －製品を広告する －イメージを広告する
道徳的正当性	●道徳的理想に適合する －適切な成果をあげる －制度に埋め込む －象徴的表示を活用する	●活動の分野を選択し，目標を設定する	●説得する －成功を証明する －世間を「改宗」する
認知的正当性	●確立しているモデルに適合する －標準をまねる －オペレーションを形式化する －オペレーションを専門化させる	●ラベルを選択する －「証明書」を入手する	●制度化する －抵抗する －新モデルを大衆化する －新モデルを標準化する

出所：Suchman（1995），表1, p.600，筆者にて一部修正。

係しているキーパーソンの評判などが一例である。つぎに道徳的正当性の獲得に向けては，道徳的理想（ideals）に適合することである。「具体的には，称賛に値する道徳的成果をあげること」「組織とその活動をすでに正当化されている制度に埋め込むこと」「活動を支援する象徴的表示を活用してイメージを形成すること」（組織の支援者に有名人がいることを提示するなど）などがあげられる。そして認知的正当性を得るためには，すでに確立しているモデルや標準に適合することが考えられる。具体的な方法には，「標準をまねる」「オペレーションを形式化して，正式なコントロール下に持ってくる」「オペレーションを専門化させて，外部の権威ある定義に関連づける」といったものがある。

　第2の戦略は，環境を選択することである。組織とその活動が，環境の持つイメージにつくり替えられることを避けたい場合には，より積極的な戦略をとる必要がある。まず実践的正当性の獲得のためには，市場を選択することである。もっともシンプルな方法は，あまり変化を要求せずに正当性を与えてくれる，友好的な関係者が存在する市場を選択することである。もうひとつの方法は，友好的な仲間を募ることである。つぎに道徳的正当性の獲得

だが，この正当性はより一般的な関心事を反映しているため，組織がとる選択肢は限られている。道徳的正当性の獲得に向けた環境の選択としては，活動の分野を選択し，その目標を社会的に容認されているものにするということが考えられる。道徳に関連する基準は効率性・財政責任・機密性など幅広く，人々が組織とその活動の道徳性を評価する時は，組織が掲げた目標に由来するからである。また，人々の評価における厳しさは活動の分野によって異なるため，分野を選択することも重要なのである（たとえば，組織の中心的な活動に対しては，より高い責任が求められがちである）。そして，認知的正当性の獲得のためには，ラベルを選択することである。それは，「証明書」を入手し，規格に従うという態度を採用することで可能となる。

　第3の戦略は，環境を操作することである。多くの組織が環境適合戦略か環境選択戦略によって正当性を獲得するが，ある組織にとってはそれらでは十分でないこともある。これは特に，社会的支持の基盤を開発しなければならないイノベーターにあてはまる。本書はイノベーションの正当化プロセスをとりあげているため，サックマンの正当化戦略の中でも，この環境操作戦略がもっとも参考になる。環境操作戦略の場合，組織は社会的現実の新しい説明を積極的に広めなければならない。まず実践的正当性の獲得だが，それは広告の形をとることが多い。組織は商品を広告し，潜在的採用者がその商品を評価できるようにする。また，イメージ広告を活用することで，組織に対するよいイメージを形成し，潜在的採用者の意思決定の手続きを早めることもできる。つぎに道徳的正当性の獲得だが，これは環境を説得することである。ひとつの方法は，成功を示して世間を説得することである。あるいは，複数の組織が集まって，規範的秩序にプレッシャーをかけて世間を「改宗」するという方法もある。そして認知的正当性の獲得に向けては，環境の制度化が必要になる。これには，集団的な活動が必要となる。単に抵抗を続けることで，組織やその活動が普通のことと人々に思ってもらえるようになることもあるが，それでも集団的活動の変革力にはかなわない。このような集団的活動は，認知的領域においては大衆化（popularization）か，標準化（standardization）という形をとることが多い。

第Ⅰ部　理論的背景：先行研究のレビュー

正当化プロセスの4段階

またジョンソン他（Johnson at al., 2006）は，正当化プロセスには4つの段階があることを特定した。それは，「イノベーション」（innovation），「コミュニティの承認」（local validation），「普及」（diffusion），「世間一般の承認」（general validation）である。第1段階（イノベーション）では，あるコミュニティが抱えるニーズ・目的・欲求などに応える目的で，あるイノベーションが創造される。第2段階（コミュニティの承認）では，そのコミュニティでの受容に向け，イノベーションがコミュニティで共有されている信念・価値・規範などと調和しており，また結びつけられているとコミュニティの人々が解釈しなければならない。第3段階（普及）とは，創造されたイノベーションがあるコミュニティの承認を得た後に，今度は別のコミュニティへの普及が可能となる段階である。イノベーションがすでに正当な社会的事実として解釈されているため，別のコミュニティでは単なる事実として採用される。そして，第4段階（世間一般の承認）とは，イノベーションがさまざまなコミュニティで普及した結果，ほとんどの人がそのイノベーションを容認する段階である。この段階になると，創造されたイノベーションは，社会の共有された文化の一部となる。ジョンソン他の正当化プロセスが示しているのは，正当化プロセスが社会レベルで起こる集団的活動であるということである。

ここまでで，正当性と正当化プロセスに関する論文をレビューし，イノベーション普及の正当化プロセスを考えるための知見を得てきた。とはいえ，正当性や正当化プロセスの議論ですべてのことが説明できるわけではない。本書でとりあげるのは，「イノベーションの普及者がどのようにしてイノベーションが抱える不確実性を減少させて，イノベーションを広く社会に普及させていくか」という問題である。このことに対する答えとして，本書は，イノベーションが多数の人に採用されるためには正当性が必要であると考える。だが，正当性と正当化プロセスに関する先行研究から明らかになったことは，イノベーションの普及者は積極的にコミュニケーションを行うことで，

イノベーションに対して正当性を獲得できる可能性があるということである。しかし，正当性の獲得に向け，イノベーションの普及者が具体的にどのような内容のコミュニケーションを行えばよいのかについては明らかになっていない。このことを検討する上で，社会運動団体とその活動の正当化に関する研究が参考になると思われる。特に，社会運動の行為者が行う問題状況の意味づけや言説の戦略的操作に注目するフレーミング論は，参考になる知見を与えてくれるであろう。

3. 社会運動団体とその活動の正当化に関する研究

　社会運動の研究では社会運動団体と世間の支持に関する問題が中心的であり，多くの研究が「なぜ人々は社会運動団体に参加・支持するのか」という論点を追求した。本書では，社会運動研究におけるフレーミング論に注目するが，その前に社会運動研究の流れを簡単に確認しておこう。

　1950年代と60年代には，社会運動研究においては社会心理学の集団行動論（collective behavior theory）が支配的なパラダイムであり，社会運動は長期パニックと捉えられた（Marx and Wood, 1975 を参照）。集団行動論の研究者は，社会運動の発生を説明する要因として，社会の構造的ストレスおよび人々の苦情・不満をあげた。70年代に入ると，資源動員論（resource mobilization theory）が台頭し，個人心理で社会運動の説明を試みている集団行動論を批判し，政治的・組織的要素の重要性を強調した（Gamson, 1975; McCarthy and Zald, 1977 など）。彼らが注目したのは，より有効に社会運動を組織するための戦略的行為の解明である。とりわけ，参加者の情報・人材・ネットワークを含む「資源」の選択的利用や，研究者・メディアを含む当事者以外の「良心的協力者」に注目した（吉田，2006）。資源動員論の研究者は，社会運動を非合理的な社会心理の放出などではなく，集合的利益を獲得するための戦略の所産と見なした。

社会運動研究におけるフレーミング論

　しかし1980年代になると，今度は社会心理学者が資源動員論を批判しは

じめた。彼らの主張によれば、資源動員論は社会運動を政治的・組織的見地からしか取り扱わず、社会構成（social construction; Berger and Luckmann, 1967）の問題を無視していると主張した。社会構成主義の人々は、現実の社会現象や、社会に存在する事実や実態、そして意味とは、すべて人々の頭の中（感情や意識の中）でつくりあげられたものであり、それを離れては存在しないという立場をとっている。このような立場から、社会運動の行為者が行う問題状況の意味づけや言説の存在、そしてそれらの戦略的操作に注目するフレーミング論が展開された（Snow, Rochford, Worden, and Benford, 1986など）。この社会運動研究におけるフレーミング論について、詳しく見ていくこととする。

　フレーミング論を展開した社会運動研究者らにとって、フレーミングとは「意味の構成」（meaning construction）を指し、具体的にはフレームの創造・展開を意味する（Benford and Snow, 2000）。社会運動研究におけるフレーミング論の提案者でもあるスノー他（Snow, et al., 1986; Benford and Snow, 2000 など）は、フレームの考えをゴッフマン（Goffman, 1974）から応用した。ゴッフマンにとってフレームとは「解釈のスキーマ」であり、個人が出来事を各自の生活空間や世界の中に「位置づけ、知覚し、特定し、そしてラベルづけを行う」ことを可能とする解釈図式である（Goffman, 1974, p.21；詳しくは次節を参照）。フレームは出来事や現象を意味あるものとすることで、個人や集団の経験を組織して、彼らの行為を導く。フレーミングに注目した社会運動研究者らは、社会運動団体のフレーミング活動が人々の社会運動に対するフレームに影響を与え、その結果、支持の獲得につながると考えた。そして彼らは、社会運動団体が新規メンバーの勧誘、支持者の動員、あるいは資源の獲得などの目的を達成するために、フレームを創造・展開すると主張した。

　スノー他は、社会運動への参加をうながすためには、フレームの調整が必要であると主張した。そして、社会運動団体のフレームと潜在的参加者・支援者のフレームを一致させるフレーム調整過程（frame alignment process）を明らかにした。フレーム調整過程とは、社会運動団体の活動・目標・イデオロギーと個人の関心・価値・信念などを一致させて相補的にする過程である。

第2章　分析概念：正当化とフレーミング

フレーム調整過程は，社会運動団体レベルまたは個人レベルで起きることができる。また，それは主には社会運動団体の啓蒙活動と，インターパーソナルまたはインターグループのネットワーク，マスメディア，電話，ダイレクトメールに影響される。

　スノー他は，フレーム調整過程には「フレーム連結化」(frame bridging)，「フレーム拡大化」(frame amplification)，「フレーム拡張化」(frame extension)，「フレーム変換化」(frame transformation) といった4つのタイプがあることを特定した。フレーム連結化とは，イデオロギー的には適合するが構造的にはつながっていない2つかそれ以上のフレームをつなぐ過程である。後の論文で，スノー他 (Benford and Snow, 2000) は，フレーム連結化がもっとも広く活用されているフレーミング戦略だと述べており，例として，労働運動団体と平和・生態・女性・近隣などのフレームを連結した西ドイツの活動をあげている (Gerhards and Rucht, 1992)。フレーム拡大化は，潜在的参加者にとっては重要な意味を持つものの，何らかの理由で社会運動団体が活用していなかった自らの価値・信念の理想化，装飾化，明確化，または活性化である。フレームが潜在的参加者と共鳴するか否かは，それが社会で共有されている価値・信念などに響く度合いにも関係しているため，多くの社会運動団体はフレーム拡大化を求めるという。たとえば，平和運動団体は平等・自由・公平・協力・忍耐・人の命の尊厳といった根本的価値をたびたび装飾した。フレーム拡張化は，社会運動団体の当初の関心から拡張し，潜在的参加者にとって重要な課題や関心事を包含する過程である。多くの社会運動団体がフレーム拡張化を採用するものの，それはさまざまな危険や制約に直面する可能性がある (Benford and Snow, 2000)。たとえば，アメリカの労働運動団体に関する研究は，拡張されたフレームが団体の指導者と合わない場合，団体に不安定性がもたらされてしまうことを指摘している (Babb, 1996)。さらにこの研究は，フレーム調整過程が常に望ましい結果をもたらさないことも示唆している。そしてフレーム変換化は，古い意味を変更して新しい意味を創出する。フレーム連結化・フレーム拡大化・フレーム拡張化の3つが，社会運動団体がすでに持っている価値・イデオロギーと個人の関心・価値・信念などとの調整だったのに比べ，フレーム変換化は新しい価値の創出であ

る。社会運動団体が促進する活動・意義・価値などは，慣習的なライフスタイルや行為と共鳴しないことがありうる。そのような場合には，フレームを転換しなければならない。

社会運動団体は，ある目的を達成するためにフレーム調整過程を行う。そして，フレーミング活動の産物として，集合行為フレーム（collective action frames）が形成される。集合行為フレームは関係者間で「交渉の結果として共有される意味」（Gamson, 1992）である。なぜならば，社会運動団体が提示するフレームに対しては異議が唱えられることも多く，フレーム調整過程は社会運動団体と潜在的参加者・支援者の「交渉」プロセスであるためである。すなわち，社会運動団体は参加者や支援者を動員するために，自らのフレームと潜在的参加者・支援者のフレームを共鳴させて集合行為フレームを生み出すのである。

社会運動研究におけるフレーミング論の組織研究への応用

近年，社会運動研究におけるフレーミング論の知見を組織研究に応用する動きが見られる（Creed, Langstraat, and Scully, 2002a; Creed, Scully, and Austin, 2002b; Kaplan, 2008 など）。たとえば，カプランは，組織の戦略策定においてフレームやフレーミング活動が与える影響を明らかにした（Kaplan, 2008）。彼女の研究によれば，不確実性の高い戦略決定では，戦略を支持する人々と反対する人々の間でフレーミング・コンテスト（framing contests）が行われて，戦略に対する意思決定が行われる。ある戦略が提案されると，各個人はそれぞれの解釈（フレーム）を持つ。それらフレームが整合しない場合，戦略の支持者と反対者はフレーム調整過程を行い，自らのフレームを集合レベルで共鳴させる。そうすることで，自らが望む結果に進むように人々を動員するのである。フレーミング活動が成功した場合，フレーム調整過程はひとつの支配的（predominant）なフレームを生む。支配的フレームは問題と解決を定義するため，戦略の意思決定が行われる。支配的フレームが生まれず，フレームが分散したままの場合，戦略の意思決定は延期される。

本書は，社会運動研究におけるフレーミング論の知見をイノベーション普

及に応用する。本書では,スノー他と同様に,意味を創出することでイノベーションを普及させていくという点に着目する。具体的には,イノベーションの普及者がフレーミング活動を行うことでイノベーションを正当化し,採用者を動員することが可能なのではないかと考える。なお,ここでカギとなっているのがフレームである。フレームについて理解を得るため,フレーム研究に関するレビューを簡単に行う。

4. フレーム理論

本節では,社会運動研究の中で用いられているフレームの定義がどのような流れから生じたものかを確認する。フレーム(それとほぼ同義語として捉えられているスキーマやスクリプトといった抽象概念)は,人間の言語活動の諸相を説明づけるために,認知心理学,社会学,文化人類学等の幅広い分野で使用されてきた(Bednarek, 2005; Tannen, 1993)。ここでは特に,認知心理学・言語学と社会学で展開された2つの観点をとりあげる。

認知心理学や言語学の観点から捉えたフレームとは,個人の内部に構築された知識の総体を指すものであった(Bartlett, 1932)。シャンクとアベルソン(Schank and Abelson, 1977)は,スクリプト(フレーム)を「特定の時空間的な文脈に適切な,順序立てられた目標に組織化された行為の流れ」と定義した。それは,目標の達成にかかわる登場人物,行為,小道具といった要素からなる。たとえばレストランのスクリプトには,食事をするという目標,ウエイター・ウエイトレス・食べる人などの登場人物,入る・座る・注文する・食べる・支払うといった行為,メニュー・食器・請求書などの小道具がある。レストランを知っている者は,レストランの話を聞いた時,それらの要素が明示されていなかったとしても推論することができる。

しかし,相互行為の側面を重んじる社会学は,フレームに対して異なったイメージを提示してきた。社会運動研究では,社会学者であるゴッフマン(Goffman, 1974)のフレーム概念を活用している。よって,以下,社会学アプローチによるフレームについて詳しく説明していく。

第Ⅰ部　理論的背景：先行研究のレビュー

社会学アプローチのフレーム論

　社会学アプローチによるフレームとは，「今，この状況下で，自分たちが何を行っているか」を特定する際の参加者の認識の枠組みである。この定義は，ベイトソン（Bateson, 1972）に由来する。ベイトソンは，動物園で子ザルがじゃれ合っているのを目撃し，2匹の間でそのような行為が成立する背景には，それが戦いではなく遊びであるという認識を相互に可能にするシグナルの交換があると考えた。彼は，人間のコミュニケーションにおいても同様の解釈的フレームワークが存在すると考え，フレームの概念を打ち立てた。

　このベイトソンの概念を応用し，より社会学的な視点から人々の相互行為の緻密な分析を行ったのが，ゴッフマン（Goffman, 1974）である。ゴッフマンは『フレーム分析』(*Frame Analysis*, 1974) で，「ここで進行していること」に対する社会的認知がいかに人々に獲得されていくのかを明らかにした。相互行為の秩序に最大の関心をおくゴッフマンにとって，フレームとは連続する出来事の一部を組織立てて経験する際の一種の原理である。フレームとは「解釈のスキーマ」であり，それは個人が出来事を各自の生活空間や世界の中に「位置づけ，知覚し，特定し，そしてラベルづけを行う」ことを可能とする解釈図式である（Goffman, 1974, p.21）。すなわち，フレームは，個人があいまいで多様なシグナルに意味をなすことを可能とする。フレームは個人がどのように世界を捉え，そして自身の関心を認知するかを形づくるのである。そして，人々はその理解の中で，選択と行動を行う。

　言語学の伝統では，フレーム（あるいはスキーマやスクリプト）を固定したテンプレートとして捉えた。シャンクとアベルソンも，スクリプトは形成された認知的構造だと述べている。しかし社会学的アプローチは，フレームが本質的に変わりやすく，そして創発的な心理的構成概念（mental construct）であると捉えた。フレームは発展的構造であり，対面のインタラクションを通して新しい要素が付加され，形づくられていく。ゴッフマンはフレームを，人が推論で生きる（we live by inference）ための基本的なツールであると考えた。そしてフレームは，人が新しい出来事を体験したり，予期しない他者のリアクションに合ったりするなどで，常に修正されるものであ

ると捉えた。

　スノー他も，フレームは変化（change）し，創発的（emergent）であり，そして反論（contest）されるものであると捉えている（Snow and Benford, 2000）。そして集合行為フレームは，部分的には個人の認知的側面であるとしながらも，基本的には社会的インタラクションの中に存在しているとしている。スノー他は，バフチン他（Medvedev and Bakhtin, 1978; Todorov, 1984）の言葉を借りつつ，集合行為フレームが「対話的」（dialogical）な現象であり，それが「我々の中ではなく，我々の間にある」（not within us, but between us）と述べた。

5. 正当化プロセスとしてのイノベーション普及論に向けて

　正当性と正当化プロセスならびに社会運動におけるフレーミングの研究成果をふまえて，どのようにイノベーション普及論を展開すべきなのか。正当化プロセスとしてのイノベーション普及論の構築に向けて，まず，社会運動とイノベーション普及の類似点を述べて，なぜ社会運動研究の知見がイノベーション普及研究に適用可能なのかを説明し，その上で，正当化や社会運動研究に関する文献レビューがイノベーション普及論に提起している課題を提示する。

■ 社会運動とイノベーション普及の類似点

　社会運動とイノベーション普及はいくつかの点において似ている。第 1 に，いずれもその動きには主体者が存在するものの（社会運動団体とイノベーション創造者・普及者），基本的には集団的活動である。社会運動の概念は，社会構造・報酬システム・政治システムいずれかにおいて，ある根本的な変化を達成するための集団的活動であるとされる（McCarthy and Zald, 1977; Olzak and Uhrig, 2001）。イノベーションの普及も，それは社会の人々の間における情報共有過程であり（青池，2007），集団過程・社会過程であると捉えられている（Rogers, 2003; Robertson, 1971）。

　第 2 に，社会運動とイノベーション普及は，その活動の目標において似て

いる。社会運動は，新規メンバーの勧誘，支持者の動員，あるいは資源の獲得を目的とする。イノベーション普及も，支持者や採用者の動員を目的とする。しかし，どちらにおいても，大事な目標のひとつは，もともとは社会に広く受け入れられていなかったものを受け入れさせるということである。そして，そのために必要なのが，自らの存在と活動に正当性を獲得するということなのである。

研究課題

文献レビューの含意を要約しながら，正当化プロセスとしてのイノベーション普及論の構築に向けて研究課題を示すことにする。

課題(1)イノベーションの正当化におけるフレーミングの検討：スノー他は，社会運動団体が新規メンバーの勧誘・支持者の動員・資源の獲得などの目的を達成するために行った問題状況の意味づけや言説の戦略的操作に注目し，社会運動団体が自らのフレームと潜在的参加者・支援者のフレームを一致させる過程（フレーム調整過程）を明らかにした。本書では，社会運動団体と同様に，イノベーションの普及者がフレーミング活動を行うことで，イノベーションを正当化し，採用者を動員することが可能なのではないかと考える。しかし，そのためには，どのようなフレームが適切なのかということについても検討する必要がある。たとえば，スノー他が特定したフレーム調整過程の4つのタイプ（フレーム連結化・フレーム拡大化・フレーム拡張化・フレーム変換化）は，イノベーションの普及においても見られるのであろうか。事例分析を通じて，これらのことについて検討していく。

課題(2)イノベーションの正当化におけるフレーミング活動のターゲットの検討：ロジャーズによれば，イノベーションの採用決定時期は人によって異なる（採用者カテゴリー）。ゆえに，イノベーションの正当化においては，どの採用者カテゴリーをフレーミング活動のターゲットとするのかを検討し，その採用者カテゴリーが共有する価値や信念と整合させていく必要があると考えられる。また，採用者カテゴリーでは人々をイノベーションの採用開始時期にもとづいて区分しているが，このことは，ターゲットとする採用者カテゴリーのイノベーション採用開始時期に合わせて，フレーミング活動を行

う必要があることを示唆している。まとめると，正当化プロセスとしてのイノベーション普及論の構築に向けては，フレーミング活動のターゲットならびにタイミングを考慮する必要があろう。

課題(3)イノベーションの正当化とコミュニケーション・チャネルの検討：イノベーションの潜在的採用者は，イノベーションに関する情報を，コミュニケーション・チャネルを通じて得る。バス・モデルでは，時間が経過するにつれて，マスメディア・コミュニケーションよりもインターパーソナル・コミュニケーションが重要になるといわれている。しかし，正当化プロセスとしてのイノベーション普及論を構築する上では，普及プロセスの後期においても，マスメディア・コミュニケーションの影響を考慮する必要があると思われる。

　サックマンは，社会的支持の基盤を開発しなければならないイノベーターは，環境操作戦略によって正当性を獲得する必要があると述べた。そして環境操作戦略では，組織は社会的現実の新しい説明を積極的に広めなければならないとされている。環境操作によって正当性を獲得するためには，カバレッジが高く，広範囲の人々に情報を伝達することが可能なマスメディア・コミュニケーションの方が，カバレッジが限られてしまうインターパーソナル・コミュニケーションよりも効果的であると考えられる。サックマンも，正当性の獲得に向けては，広告の有用性をとりあげている。

　さらに，潜在的採用者のイノベーション採用決定においては情報源の信憑性も影響を与えうるため（青池，2007），複数のコミュニケーション・チャネルから情報が伝達されることによって，情報の信憑性が相補的になる可能性がある。

課題(4)集団的活動としてのイノベーションの正当化の検討：企業間の競争は，イノベーションの普及に影響を与えると考えられている。特に同じイノベーションに対して競争活動が多いと，イノベーションの採用ポテンシャルは高まり，そして普及速度は速まると考えられた。イノベーションの正当化においても，企業間の競争を含めた集団的活動は影響があると考えられる。

　正当化研究では，正当性の獲得において，集団的活動が効果的であることが示されている（Suchman, 1995）。さらに，スノー他の社会運動研究のフ

レーミング論においても，集団的活動の重要性が示唆されている。社会運動団体はある目的を達成するためにフレーミング活動（フレーム調整過程）を行うが，その活動の産物として集合行為フレームが形成される。集合行為フレームは関係者間で「交渉の結果として共有される意味」（Gamson, 1992）であり，集団的活動の産物でもある。イノベーションの普及者がイノベーションを正当化し，広く社会に普及させていく上では，集団的活動が効果的である可能性がある。このことについても，検討する必要がある。

　以上，列挙した研究課題を「自分へのご褒美」消費の事例分析を通じて検討し，その分析から得られた発見事項の考察ならびに議論は結章で行う。

第Ⅱ部

実証研究:「自分へのご褒美」消費の普及

第Ⅱ部の見取り図

第3章
「自分へのご褒美」消費の全体像について

第4章
「自分へのご褒美」消費の普及者①（企業）によるコミュニケーション活動について

第5章
「自分へのご褒美」消費の普及者②（メディア）によるコミュニケーション活動について

第3章 「自分へのご褒美」消費とは

1. はじめに

　第Ⅰ部では，イノベーションの普及に関連する研究，正当性と正当化プロセスの議論，ならびに社会運動におけるフレーミングの研究について，文献レビューを行ってきた。第Ⅱ部では，理論から現実へと目を転じ，事例研究を行って，実際のイノベーション普及において，イノベーションの普及者がどのようにイノベーションを正当化し，普及していったかを検討していく。本書では，「自分へのご褒美」消費の事例を通してそのことを確認していくが，その前に「自分へのご褒美」消費の歴史を振り返り，「自分へのご褒美」消費という現象について理解を深める。そして第4章と第5章で行われる企業とメディアによるコミュニケーション・メッセージの内容分析に必要なデータの収集に向け，「自分へのご褒美」を普及させた具体的な企業やメディアを特定する。具体的にはまず，「自分へのご褒美」消費の発生および発展について述べる。その後，イノベーション普及としての「自分へのご褒美」消費形成を理解するために，第1章で説明したイノベーション普及を構成する要素にもとづいて，「自分へのご褒美」消費の普及を考察する。

　本章の構成はつぎの通りである。第2節では，本章で活用する分析手法やデータなどの調査概要について説明する。第3節では，「自分へのご褒美」

消費の発生および発展を分類された4つの時期ごとに説明する。第4節では，「自分へのご褒美」消費様式の形成をイノベーション普及の視点から考察する。最後に，本章の発見事項をまとめ，第4章と第5章で行われる企業とメディアによるコミュニケーション・メッセージの分析に向けて備える。

2. 調査概要

本章では，「自分へのご褒美」消費の歴史を把握する目的で歴史的分析を行う。歴史的分析とは，マーケティングの過去や消費者行動の変化を理解するのに適している分析手法である（Fullerton, 1987; Pollay, 1985; Savitt, 1980; Smith and Lux, 1993）。ゴールダー（Golder, 2000）による歴史的分析の5段階（1.テーマを選択し，証拠を収集する，2.証拠の情報源を批判的に評価する，3.証拠を批判的に評価する，4.証拠を分析・解釈する，5.証拠と結論を提示する，詳しくは表3-1を参照）にならって，「自分へのご褒美」消費の歴史を分析した。情報源として，新聞や雑誌は信頼性が高いといわれている。多くの場合，新聞記者や雑誌記者は出来事を確実に報道するということに高い関心を持っているということと，報道の公共性にもとづいて記事内容に正しさが問われるためである。そこで本書は，データベース「日経テレコン21」を活用して，「自分へのご褒美（ほうび）」という言葉を含む記事（2,094件；1988〜2009年）を収集し，それら記事を「自分へのご褒美」消費の歴史的分析に使用する「証拠」とした。

3. 「自分へのご褒美」消費の発生および発展

4つの時期の分類

図3-1は，「自分へのご褒美」関連記事数（2,094件）の年次推移を示したものである。この図に示された記事数の推移（特に伸び率が大きい推移）を見ると，「自分へのご褒美」消費は4つの時期に分けられる。1988〜96年の第Ⅰ期，1997〜2001年の第Ⅱ期，2002〜06年の第Ⅲ期，そして2007年以

第3章 「自分へのご褒美」消費とは

表3-1 歴史的分析の5段階

段　階	段階の要素
1 テーマを選択し，証拠を収集する	・研究テーマを選択 ・研究テーマについて，十分な資料が利用可能かを特定 ・データ（出版物，フィールド・インタビュー，公文書，文化財など）を収集 ・研究の関心事に関連する問いを準備
2 証拠の情報源を批判的に評価する	・資料がオリジナル，または入手可能なコピーでもっとも状態がよいものかを確認 ・目撃者について，信頼できる形で記録されているかを確認 ・著者について，誰がいつどこで，そしてどのような状況下で文書を書いたか，そして著者が正しい情報を伝えることが可能かを確認 ・情報源の信頼性を，①記録されている出来事との時間的・地理的近接性，②記録書の目的，③著者の専門性，にもとづいて分類
3 証拠を批判的に評価する	・解釈を批判（著者の意味を特定し，評価） ・否定的な内的評価を行う（間違った情報，あるいは意図的な偽情報に対する著者の誠実さを評価） ・著者は正しい情報を報告しようとしているか，そこには個人的な関心または偏見がないかを確認 ・観察の独立性を評価（信頼性が複数の同程度の目撃者によって確証されているかを確認）
4 証拠を分析・解釈する	・関連するトピックスに沿って，出来事を年代順に整理 ・データから導かれる演繹的推論を下す ・歴史的記録を作成した人々の客観性と報告書の完全さを検討 ・証拠における一般化，説明，そして含蓄を探す ・データによっては，定量分析または計量経済分析が可能 ・因果関係にある要素の相対的重要性を評価
5 証拠と結論を提示する	・提示する証拠を選択 ・プレゼンテーションの形式は，年表，記述統計学，モデルパラメータ，ナラティブ・ディスカッション（叙述による考察）を含む ・証拠と結論に関するナラティブ・ディスカッションは，カギとなる出来事の説明または命題を含む

出所：Golder（2000），表2, p.159, 筆者にて一部修正。

降の第Ⅳ期の4つである。表3-2は，日経各紙[1]（161件，1991～2009年）に記述されていた「自分へのご褒美」消費のオケージョン，「自分へのご褒美」消費の対象品，「自分へのご褒美」消費の普及者，そして「自分へのご褒美」消費の採用者（消費者セグメント）を一覧にしたものである。以下，「自分へのご褒美」消費の発展を時期ごとに説明する。

---

[1] 日経テレコンで検索可能な日経各紙とは，日本経済新聞朝夕刊（記事収録期間：1975年4月～）・日経産業新聞（同：75年4月～）・日経MJ（流通新聞）（同：75年1月～）・日本金融新聞（日経ヴェリタス）（同：87年10月～）・日本経済新聞地方経済面（同：76年1月～）・日経プラスワン（同：2000年4月～）・日経マガジン（同：05年3月20日～）である。

第Ⅱ部 実証研究：「自分へのご褒美」消費の普及

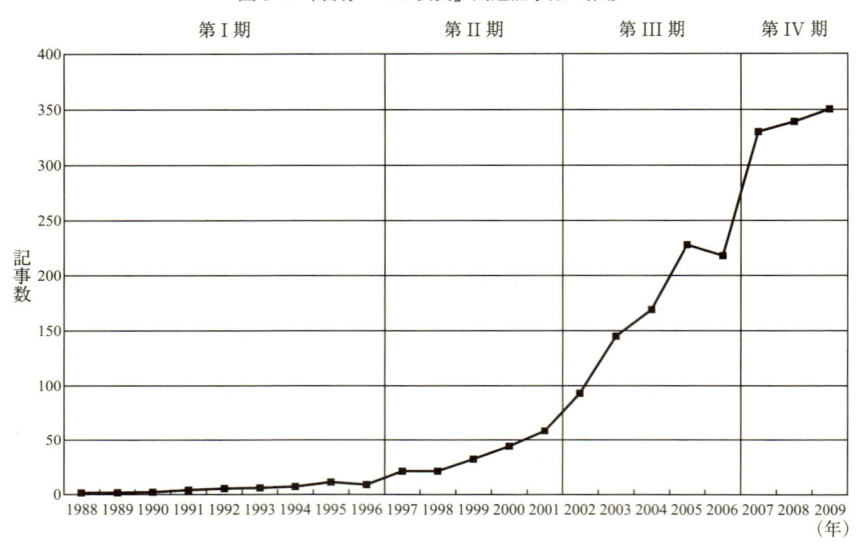

図3-1 「自分へのご褒美」関連記事数の推移

1988〜1996年の第Ⅰ期：「自分へのご褒美」消費の始まり

　確認できた最初の「自分へのご褒美」関連の記事は，1988年12月26日付の『東京読売新聞』「［ひと・しごと］ち密な計算で輝きにツヤ　宝飾デザイナー　広田礼子さん」（朝刊，p.14）である。広田さんがデザインするダイヤモンドのジュエリーを，「頑張っている自分へのごほうびとして選びに来る働く女性も増えている」ことが記述されている。これ以降，働く女性による「ご褒美消費」に注目が集まるようになる。たとえば，1991年10月24日付の『日経流通新聞』は，いまどき用語辞典として「ごほうび消費」をとりあげ，それがOL（オフィスレディ）が「毎日ちゃんと働いてるごほうびとして，私自身にもプレゼントをあげる」という消費行動であると説明している。

　第Ⅰ期において，主に「自分へのご褒美」消費の対象となっていたのは宝飾品である。デ・ビアス（De Beers SA，以下，デ・ビアス）やミキモト（㈱ミキモト，以下，ミキモト）などの宝飾品企業が，「自分へのご褒美」消費を推奨していたことが新聞記事で報じられている。特に，デ・ビアスが

第3章 「自分へのご褒美」消費とは

表3-2 「自分へのご褒美」消費のオケージョン，対象品，普及者，採用者（消費者セグメント）

		「自分へのご褒美」のオケージョン	「自分へのご褒美」の対象品	「自分へのご褒美」の普及者	「自分へのご褒美」の採用者（消費者セグメント）
第Ⅰ期	1991	ボーナス	高額商品（宝飾品，ドレス，エステ，旅行，オペラ鑑賞）	－	働く若い独身女性（OL，20～30代）
	1992	－	－	－	－
	1993	－	宝飾品	宝飾品の販促団体（ワールド・ゴールド・カウンシルなど）	働く若い独身女性（OL，20～30代）
	1994	－	宝飾品	宝飾品企業（ミキモトやデ・ビアスなど）	働く若い独身女性（OL，20～30代）
	1995	仕事で何かを達成した後	高額商品（宝飾品，絵）	宝飾品企業	働く若い独身女性（OL，20～30代）
	1996	仕事で何かを達成した後	海外滞在	－	働く若い独身女性（OL，20～30代）
第Ⅱ期	1997	誕生日	高額商品（絵）	－	働く若い独身女性（OL，20～30代）
	1998	年1回	海外旅行	－	働く若い独身女性（OL，20～30代）
	1999	仕事で何かを達成した後	高額商品（時計，アクセサリー）	－	働く若い独身女性（OL，20～30代）
	2000	夏休み	高級ホテルの宿泊，エステ，海外旅行，プレミアムデザート	高級ホテル（帝国ホテルなど），食品メーカー（ハーゲンダッツジャパンなど）	働く若い独身女性（OL，20～30代）
	2001	一仕事をやり遂げた後，クリスマス	高額商品（宝飾品，高級ブランド品），海外滞在	百貨店（伊勢丹など）	働く若い独身女性（OL，20～30代）
第Ⅲ期	2002	クリスマス，月1回	高額商品（宝飾品，時計，高級ブランド品など），高級ホテルの宿泊，手頃な贅沢品（衣料，生活雑貨，化粧品，生花など），プレミアムデザート	小物輸入代理店，百貨店，eコマースサイト（ビッダーズショッピングなど），食品・飲料メーカー（ロッテ，キリンビバレッジ，明治乳業など），高級ホテル，セレクトショップ	働く若い独身女性（OL，20～30代）
	2003	ボーナス，クリスマス，母の日，月1～2回，週末，仕事帰り	高額商品（高級ブランド品，インテリア，健康器具），旅行，高級ホテルの宿泊，グルメ，エステ，手頃な贅沢品（衣料，アクセサリーなど），プレミアムデザート，プレミアムアルコール飲料，プチ整形	食品・飲料メーカー，高級ホテル，百貨店，エステティック・サロン，テレビショッピングチャンネル	働く若い独身女性（OL，20～30代）
	2004	ボーナス，初任給，バレンタイン，子育てが一段落した後	手の届く贅沢品（比較的安い宝飾品，高級レストラン，高級ブランド品の中古品），高級ホテルの宿泊，高級チョコレート，エステ，プレミアムデザート，手頃な贅沢品（衣料，化粧品など）	宝飾品専門店（4℃など），アパレル企業（オンワード樫山），食品メーカー（コーシン乳業など），高級レストラン（タイユバンロブションなど），百貨店	働く若い独身女性（OL，20～30代），30～50代の主婦
	2005	ボーナス，誕生日，バレンタイン，父の日，忙しさが続いた後，臨時収入があった時，明日への活力が必要な時，努力が報われた時，仕事がうまくいった時，失敗して気持ちが落ち込んだ時，認められない自分を励ましたい時，勤続何年目かの節目の時	宝飾品，趣味的な高額商品（アンティークラジオやひな人形など），車，手の届く贅沢品（手頃な価格帯の高級ブランド品），手頃な贅沢品（衣料，アクセサリー，バッグ，靴，台所家庭用品，ヘアケアなど），旅行，エステ，高級ホテル・リゾートの宿泊（男性向け），高級チョコレート，高級化粧品，高級スイーツ，プレミアムデザート	宝飾品専門店，食品メーカー，化粧品メーカー（カネボウ化粧品など），百貨店，高級ホテル	働く若い独身女性（OL，20～30代），30～40代の男女，団塊世代（50代後半～60代）の男女

55

第Ⅱ部　実証研究：「自分へのご褒美」消費の普及

	2006	ボーナス,クリスマス,お歳暮,バレンタイン,一仕事をやり遂げた後,定年後,週末,休日,午後	宝飾品,ゴルフクラブ,エステ(男性向け),高級ホテルの宿泊,お歳暮商品,プレミアムビール,プレミアムコーヒー,高級チョコレート,高級化粧品,手頃な贅沢品(衣料,アクセサリーなど)	宝飾品専門店,メーカー(ヤマハ),飲料メーカー(サントリー,キーコーヒーなど),化粧品メーカー,高級チョコレート店(ピエール・マルコリーニなど),百貨店,高級ホテル,エステティック・サロン,旅行代理店	働く若い独身男女,30〜40代の男女,団塊世代(50代後半〜60代)の男女
	2007	クリスマス,ボーナス,バレンタイン,一仕事をやり遂げた後,定年後,週末,通年	ワイナリー,自転車,高級ホテルの宿泊,旅行,グルメ,エステ,趣味,高級チョコレート,高級スイーツ(ケーキ,カップケーキ,ドーナツなど),手頃な贅沢品(衣料,アクセサリーなど)	高級チョコレート店(ゴディバジャパンなど),百貨店,ホテル,メディア,メーカー(サンリオなど),デリカテッセン(ディーン&デルーカなど)	20〜70代の男女
第Ⅳ期	2008	バレンタイン,中元,定年後,記念日,旅行中,毎シーズン,月1回,ハードワークの後,週の後半,週末,仕事帰り	高級ブランド品,旅行,国内滞在,グルメ(お取り寄せ品など),高級チョコレート,高級アルコール(ウィスキー),高級スイーツ(有名パティシエのスイーツ,プリンなど),プレミアムビール,趣味,高級化粧品,手頃な贅沢品(ファッション小物など)	老舗ホテル(九州ホテルなど),食品・飲料メーカー,百貨店,雑貨店,交通企業(JR西日本など)	20〜70代の男女
	2009	バレンタイン,母の日,定年後,年末,旅行中,練習後,普段	時計,高級ホテルの宿泊,旅行,エステ,グルメ,高級チョコレート,手頃な贅沢品(衣料,アクセサリー,日用品,高級食材,贅沢ランチ,お菓子など)	百貨店	20〜70代の男女

注：各記事にオケージョン・対象品・普及者・採用者に関する情報のすべてが記述されてはいないため，各年の「自分へのご褒美」消費の実体のすべてが網羅されているのではいない。ここでの目的は，年を追うごとに，「自分へのご褒美」消費が各側面において広がっていることを示すことである。

20〜34歳までの独身女性ならびに子どものいない既婚女性を対象に行ったダイヤモンド販促キャンペーン（「Ms. DIAMOND（ミズ・ダイヤモンド）」キャンペーン）においては，キャンペーンそのものが記事でとりあげられており[2]，そのことにニュース性があったことがうかがえる。ミズ・ダイヤモンドキャンペーンの結果，1994年の10月から12月期の20代独身女性市場のダイヤモンド売り上げは前年同期に比べて4割弱も増加したという[3]。

第Ⅰ期における「自分へのご褒美」消費とは，ボーナス時期や仕事で何かを達成した後など，仕事でがんばった後に行う消費であったようである。記事で「自分へのご褒美」消費を行っている人としてとりあげられていたのも，

---

2 『日本経済新聞』「デ・ビアス，ダイヤモンド販促キャンペーン，20-34歳の女性対象。」1994年4月28日，朝刊，p.15.
3 『日経産業新聞』「狙え団塊ジュニア生活産業の戦略(2)宝飾品──ブライダルに照準。」1995年5月16日，p.12.

第3章　「自分へのご褒美」消費とは

自分で事業を興した起業家や[4]，「ある程度仕事のキャリアを積んだ女性」であった[5]。

　しかし，この時期，世間には「自分へのご褒美」消費に対する批判的な見解が存在しており，「自分へのご褒美」消費は正当性における「負債」を抱えていたといえる。たとえば，1990年11月21日付の『読売新聞』には，つぎのようなコメントが掲載されている。

　　私は，この言葉［自分へのご褒美］が好きではない。何か**ウソ**っぽい気がするからだ。「買い物しまくって，ぱーっとストレス解消よ」というのを，上品に言い換えただけじゃないだろうか。［……］**「ごほうび」なんてものは「ひとさま」から頂けばいいんじゃないだろうか**[6]。（ゴシックは引用者による，以下同様。）

たしかに「褒美」という名詞は，『日本国語大辞典』（第2版，小学館）によれば，「①人をほめること。褒賞を与えること。②ほめて与える金品。賞与。褒賞」という意味を持ち，他者を称賛する時に使う言葉であるといえる。また，「褒める」という動詞は類語として「たたえる」「ほめたたえる」「賞する」があげられ，いずれも「他のよさ，りっぱさを認めて，そのことを言葉に表すという意味をもつ点で共通する」（『日本語新辞典』，小学館）とあり，他者に対して使う言葉であるようである。第Ⅰ期には，「自分へのご褒美」消費が決して一般的な消費行動ではなかったことが，こういった批判的な記事からもうかがえる。

---

[4] 『日経流通新聞』「第51回消費者調査，いきいき非婚楽女――優雅，絵画に囲まれゆったり。」1995年6月13日，p.1.
[5] 『日経流通新聞』「出国子女――日本を離れてパワーアップ（いまどき用語辞典）」1996年1月13日，p.10.
[6] 『読売新聞』「［女性記者発］何かウソっぽい「自分へのごほうび」」1990年11月21日，東京，夕刊，p.3.

第Ⅱ部　実証研究：「自分へのご褒美」消費の普及

1997〜2001年の第Ⅱ期：カリスマによる「自分へのご褒美」消費の啓蒙

　第Ⅱ期も，「自分へのご褒美」消費の採用者の中心は働く若い独身女性（OL）であった。しかし，この時期になると，「自分へのご褒美」消費の対象は広がりを見せはじめる。たとえば，第Ⅱ期では高級ホテルの「レディースプラン」が人気を集め，「仕事をこなす自分へのごほうびとして，ホテルに泊まる」という消費行動が出現した[7]。高級ホテルの経営は，もともとはビジネス客・企業の宴会・結婚披露宴が三本柱だったが，1991年のバブル経済崩壊でビジネス利用が大きく落ち込み，新たな顧客として女性に目をつけた。高級ホテルは，アロマテラピーやマッサージ，グッズプレゼントなど女性に喜ばれそうなサービス特典をつけたプランを打ち出し，「自分へのご褒美」需要を創造した。ほかには，高級ブランド品・海外旅行・高額な絵などが「自分へのご褒美」消費の対象としてあげられた。

　しかし，第Ⅱ期の注目すべき特徴は，この頃からスポーツ選手や女子アナウンサーなどの「カリスマ」的存在である有名人が自らの「自分へのご褒美」消費について記事で語りはじめたことである。図3-2は，「自分へのご褒美」関連記事総数（2,094件）およびそれら記事における有名人関連の記事数（344件）の年次推移を示している。この図からは，1998年以降，有名人の「自分へのご褒美」消費関連記事が増加していることが読みとれる。たとえば，プロテニスプレーヤー・伊達公子（当時）は，バージニアスリムという大きな大会で当時世界3位のサバチーニを破った後に，自分へのご褒美としてブルガリの時計を購入したことを語っている[8]。元フジテレビアナウンサー・中村江里子（当時）は，入社3年目にエルメスのグッズを本店で「自分へのご褒美のつもりで，思い切って注文」したことを語った[9]。こう

---

7 『朝日新聞』「特典も多彩，ホテルの女性プラン　割安さ魅力　20, 30歳代が7割」1997年8月23日，朝刊，p.17.
8 『日本経済新聞』「元プロテニスプレーヤー伊達公子さん——会社経営，堅実さ大切に（私の貯金箱）」1999年4月18日，朝刊，p.11.
9 『産経新聞』「【イブニングマガジン】エルメス（下）ファンの声　中村江里子さん」1998年2月19日，夕刊，p.6.

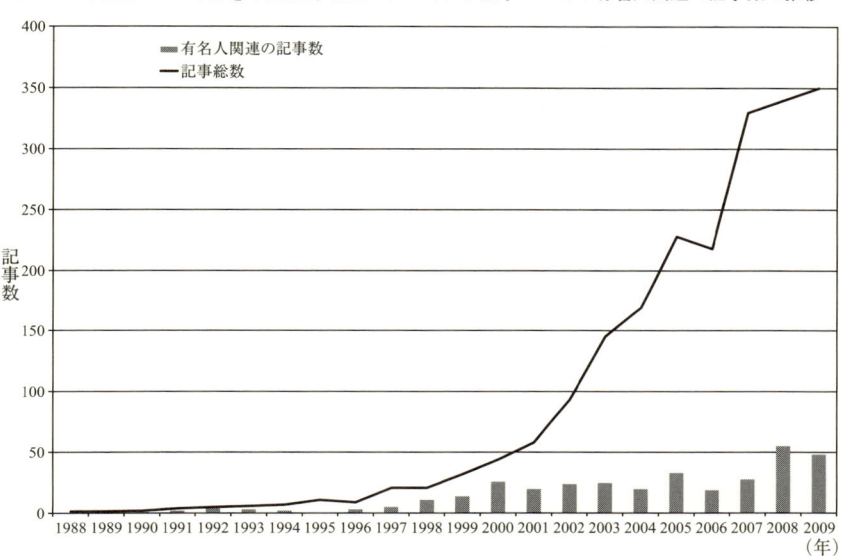

図 3-2 「自分へのご褒美」関連記事総数およびそれら記事における有名人関連の記事数の推移

注：ここで「有名人関連の記事」としたのは，記事名に名前が明記されていたものである。すなわち，記事中で有名人が紹介されているものは含まれていない。また，記事名に名前が明記されていたものでも，その名前が有名人のものでない場合は，「有名人関連の記事」としていない（それらは「一般人関連の記事」とした）。

いったカリスマ的存在が自らの「自分へのご褒美」消費体験について語ったことは，「自分へのご褒美」消費の啓蒙者的役割を果たしていたとも解釈できよう（Weber, 1968）。

第Ⅱ期に，カリスマ的存在による「自分へのご褒美」消費の支持が増えた背景には，元女子マラソン選手の有森裕子が 1996 年のアトランタ・オリンピックで銅メダルを獲得した時に「初めて自分で自分を褒めたいと思います」と語り，そしてその言葉がその年の流行語大賞[10]となったことがあろう。オリンピック・メダリストといった国民的英雄が自分のことを褒め，さ

10 　自由国民社，第 13 回「新語・流行語大賞」，1996 年大賞「自分で自分をほめたい」。「アトランタ・オリンピック女子マラソンで三位に入賞し，バルセロナに続いて連続メダル獲得という快挙を成し遂げた有森のレース後の言葉。バルセロナ以後のスランプ，故障を乗り越えた有森の努力はスポーツマスコミによって広く知られていた。そのため『自分を誉めてあげたい』のセリフは素直に国民の間に受け入れられ，この年一番の流行語となった」，http://singo.jiyu.co.jp/。

らにはその言葉が流行語大賞となったことで,「自分を褒める」といった行為に世間の注目が集まったと考えられる。

2002～2006年の第Ⅲ期:「自分へのご褒美」消費の拡大

第Ⅲ期は,「自分へのご褒美」消費が拡大した時期である。「自分へのご褒美」消費が現象として注目を集め,メディアの報道数が増えたこと,またその消費行動を活用した企業活動が増えたことが,拡大の理由としてあげられる。

「自分へのご褒美」が消費様式として大きな意味を持つきっかけとなったのが,2001～02年にかけて,「自分へのご褒美」消費が独身女性の間でブームになっていると報道されたことである。たとえば,『産経新聞』は「【トレンドりぽーと】自分へのご褒美 独身女性を中心に流行」という記事を2001年11月13日付の夕刊に掲載し,『毎日新聞』は「[師走学&年越し術]自分にプレゼント,シングル女性のブームに」を2002年12月20日付の朝刊に掲載した。これ以降,さまざまな企業が「自分へのご褒美」を訴求した商品を発売するようになる。第Ⅰ期と第Ⅱ期では,「自分へのご褒美」消費の対象品は宝飾品・高級ホテルの宿泊・海外旅行などであり,それはいわゆる「高額消費」であった。しかし第Ⅲ期では,「自分へのご褒美」消費の対象品は一挙に広がりを見せた。同時に,「自分へのご褒美」消費のオケージョンならびに採用者(消費者セグメント)も拡大した。以下,各年に分けて事実の推移を記述する。

2002年

クリスマスに「自分へのご褒美」として自分へのプレゼントを購入するという動きが,新聞でとりあげられるようになったのはこの頃からである。西武百貨店,プランタン銀座,阪急百貨店などの大手百貨店で,自分へのクリスマスプレゼントとして宝石・高級時計・高級化粧品などを購入する20代後半～30代前半のキャリア女性が,2001年頃から目立ちはじめたと報道されている。百貨店側も,クリスマスカタログに「ギフト・フォー・マイセルフ」(西武百貨店・そごう)や「for me」(阪急百貨店)などを掲載し,「自分へのご褒美」の訴求を進めていた[11]。消費不況のあおりで百貨店の歳末商

戦は低迷し，売上高も前年実績を割り込んでいたが，働く若い女性に人気の有名ブランドや宝飾品，化粧品の売り上げは右肩上がりの伸びを見せていた[12]。可処分所得が多く，おしゃれに敏感な彼女らの消費行動は，百貨店にとって「最後の砦」であり，限定品販売やプロモーションなど，彼女らの消費を刺激するための「自分へのご褒美」マーケティングが行われていた。

また，2002年には，プレミアムアイスクリームや雑貨など，数十万円する宝飾品や高級ブランド品に比べるとより手頃なご褒美品が多数登場した。もともと「ハーゲンダッツ」（ハーゲンダッツジャパン㈱）のアイスクリームは，若い女性に「手の届く高級品」として「自分へのご褒美」に購入されていたが[13]，このプレミアムアイスクリーム市場に大手各社が参入した[14]。たとえば，㈱ロッテ（以下，ロッテ）は「D'azur（ダジュール）」を発売し，キリンビバレッジ㈱（以下，キリンビバレッジ）も100％果汁飲料の「トロピカーナ」ブランドのシャーベットを発売した。明治乳業㈱（以下，明治乳業）と㈱ナポリアイスクリームもそれぞれのプレミアムアイスクリーム・ブランド「AYA（彩）」と「FAUCHON（フォション）」から新商品を発売している。また，この年に大阪・心斎橋にオープンした「OPAQUE OSAKA（オペークオオサカ）」では，「20～35歳の働く女性が欲しいと思うような，流行を先取りした衣料や生活雑貨，化粧品，生花まで『自分へのご褒美』として手が届く価格の商品」[15]がとりそろえられていた。このようにして，「自分へのご褒美」消費の対象品は，内容・価格ともに広がった。

2003年

2003年になると，「自分へのご褒美」消費の訴求機会がさらに多様化して

---

11 『大阪読売新聞』「私のための豪華Xマス　働く女性ご褒美　彼への贈り物10分の1／阪急百貨店」2002年12月24日，夕刊，p.12.
12 『毎日新聞』「不況下の歳末商戦　若い女性の「ご褒美系」　百貨店で有名ブランドの売上高が大躍進」2002年12月23日，大阪，朝刊，p.2.
13 『日経流通新聞』「ハーゲンダッツジャパン社長関順一郎氏——社長も現場で研修（想）」2000年8月15日，p.8.
14 『日経産業新聞』「高級アイス，選択広がる，濃厚感・フルーツ味…参入も続々。」2002年6月28日，p.26.
15 『日本経済新聞』「オペークオオサカ（大阪・心斎橋）——日常品厳選，ゆったりと（お店拝見）」2002年3月23日，夕刊，p.3.

いった。たとえば，テレビショッピング専門チャンネル「QVC」（㈱QVCジャパン）は，「母の日」特集番組で高級ブランドのテーブルウェア・化粧品・アクセサリーなどを取り扱い，「プレゼント向けはもとより，自分へのご褒美を考えている人にも適した商品を番組で紹介する[16]」とした。さらに，バレンタインでも「贈るより『食べる幸せ』[17]」といった，彼や日頃お世話になっている人へのプレゼントではなく，「自分へのご褒美」として自分で食べるために，高級チョコレートを購入する女性の姿が見られるようになったと報じられている。伊勢丹は，仏国家最高職人賞受賞の有名ショコラティエ，ジャン・ポール・エヴァン氏の名を冠したチョコレート店の海外初出店地となったが，その狙いは「洋服目当ての若い女性客を食品売り場に呼び込む[18]」ことであり，ちょっとした贅沢がしたいというOLをターゲットにしていた。

　「自分へのご褒美」消費をターゲットにした商品は，ルイ・ヴィトンなどの高級ブランド品，高級ホテルの宿泊プラン，ハーゲンダッツや「レディボーデン」（ロッテ）などのプレミアムアイスクリーム，エステやスパなどが引き続き活発だったようだが，新たにプレミアムアルコール飲料も加わっている。キリンビール㈱（以下，キリンビール）のチューハイ「氷結」のプレミアム商品「シャルドネスパークリング」が，少しだけ贅沢な「ちょこっとプレミアム感」が受けて，30歳未満の若い女性を中心に支持を得た[19]。プレミアムアルコール飲料はコンビニエンスストアで購入でき，また価格も150円（350mL）と手頃だったため，「手軽な自分へのご褒美」とした意味合いも生まれた[20]。こうした「手軽な自分へのご褒美」を訴求した製品の増加により，「自分へのご褒美」消費は週末や仕事帰りなどに行われるようになり，その頻度は急激に増加していった。

16　『日経MJ（流通新聞）』「QVC，「母の日」特集生放送──28日，陶器など販売。」2003年4月17日，p.5.
17　『朝日新聞』「いまどきなぜか「チョコバブル」beReport）』2003年2月8日，朝刊，p.53.
18　同上。
19　『日経MJ（流通新聞）』「シャルドネスパークリング──若い女性中心に支持（ヒット商品購入者調査）」2003年9月6日，p.8.
20　これは，プレミアムアイスクリームも同様であった。プレミアムアイスクリームをもっとも多く購入しているのはやはり20～30代の女性であり，仕事帰りにコンビニエンスストアなどで購入する場合が多かった。

第3章　「自分へのご褒美」消費とは

📂 2004年

　2004年になると，10万円以下の「ちょっと贅沢すれば手の届く価格帯」の「自分へのご褒美」訴求製品が増加し，「自分へのご褒美」消費の対象もさらに多様化していった。たとえば㈱オンワード樫山は，女性が自分のために買うアクセサリー商品を強化し，衣料品と同じ「組曲」ブランドから発売した[21]。販売価格は，指輪で3万1500円から4万2000円，ピアスで1万5750円から2万6250円と，従来のご褒美ジュエリーと比べて安かった。フランスの3つ星レストランのジョエル・ロブションも「ジョエル・ロブション」を開店し，客単価3万円以上で「エルメスのような本物のラグジュアリー（贅沢）にはなかなか手が出せないが，マス（大衆）とは自分を区別したい。そんな中間層の心をくすぐる」ことを目標とした[22]。ほかには，㈱ワコールが高級下着の新ブランド「WACOAL DIA（ワコール　ディア）」（ブラジャーが1万円から2万円）をこの年に売り出したところ，20代後半〜30代半ばの働く女性が「自分へのご褒美」として買っているのが見られたという[23]。

　同時に，プレミアムアイスクリームやプレミアムアルコール飲料のような，コンビニエンスストアで気軽に買える「自分へのご褒美」訴求製品も増加していた。たとえば，コーシン乳業㈱（以下，コーシン乳業）は手づくり風のこだわりプリン「ちょっぴり贅沢ごほうびぷりん」を発売したが，「毎日の仕事をがんばっている女性が自分へのごほうびとして少しぜいたくな気分を楽しめる洋菓子店の手作りプリンを目指した」という[24]。

　そして，「自分へのご褒美」の訴求機会も，クリスマスやバレンタインのほかにホワイトデーが加わったようであった。もともとホワイトデー商戦で

---

[21] 『日経MJ（流通新聞）』「オンワード，女性向け宝飾強化（情報クローゼット）」2004年9月7日，p.26.
[22] 『日経MJ（流通新聞）』「仏3つ星レストラン，対日戦略見直し――ブランド力で中間層に照準。」2004年7月13日，p.3.
[23] 『毎日新聞』「［売れ筋最前線］高級下着　こだわりの「勝負パンツ」」2004年4月5日，大阪夕刊，p.1.
[24] 『日経MJ（流通新聞）』「ぜいたく気分楽しむ，コーシン乳業（新製品）」2004年1月20日，p.9.

第Ⅱ部　実証研究：「自分へのご褒美」消費の普及

は，バレンタインのお返し用に女性がもらいたいものがそろっていたが，ホワイトデー限定の商品を「自分へのご褒美」として女性自らが購入するケースが増えたという[25]。

　しかし，この年の注目すべき点は，「自分へのご褒美」消費の採用者（消費者セグメント）が，働く若い独身女性から主婦，そして40～50代の女性までへと広がったことである。たとえば，宝飾品専門店「4℃」（㈱エフ・ディ・シィ・プロダクツ）では，30代女性が自分のために買うブランド「シタディーヌ」が牽引し，2004年12月の既存店売上高は前年同月比4.7%増だったという。4℃は，「買い物を我慢してきた自分へのご褒美消費が出始めた」と分析している[26]。また，1970年代後半に女子大生だった40～50代が再び「元町ブーム」を巻き起こし，子育てが一段落した「自分へのご褒美」として，ハマトラ[27]の代表的なブランド「キタムラ」（㈱キタムラ）のバッグや，刺しゅうとレースを使って元町らしさを打ち出す「アリス」の衣料品などを懐かしい一品として購入した。いずれのブランドも，客数・売り上げともに前年と比べ5割増から3倍のペースだったという[28]。

2005年

　2005年には，「自分へのご褒美」消費のさらなる多様化が観察される。とりわけ注目されるのは，「自分へのご褒美」消費が男性へと広がったことである。たとえば，サントリーホールディングス㈱（以下，サントリー）が5月に発売した1本100万円のウイスキー「山崎五十年」は，限定50本が半日で完売した。また，鹿児島県牧園町にある温泉リゾート施設「天空の森」は，料金が1人1泊15万円だが，「自然の中で癒やされた。自分へのご褒美」と30～40代の男性に人気があったという[29]。企業側も，働く若い女性

25　『東京読売新聞』「ホワイトデー商戦終盤　県内の百貨店など「女性期待の品はお任せ」＝栃木」2004年3月10日，朝刊，p.32.
26　『日経MJ（流通新聞）』「3分咲き消費，昭和40年代生まれ，ヨンマル動く——親が資金援助（消費は今）」2004年3月25日，p.1.
27　ハマトラとは，1970年代後半～80年代にかけて流行した横浜ニュートラディショナルという女性ファッションの略である。
28　『日本経済新聞』「春風消費(1)冬眠から覚め元町へ。」2004年4月15日，夕刊，p.1.
29　『日本経済新聞』「目覚めたオトコの消費(3)1人1泊15万円——快適ならいくらでも。」2005年8月18日，朝刊，p.7.

第 3 章 「自分へのご褒美」消費とは

をターゲットに行った「自分へのご褒美」訴求活動を，今度は「消費に目覚めた男性」をターゲットに展開した。高級ホテルは，30～50 代の男性向け宿泊プランを発売し，ビジネスの第一線で活躍する男性の「自分へのご褒美需要」を掘り起こすことを目的とした[30]。百貨店も，年末のクリスマス商戦で，靴好きの男性があこがれるイタリアのブランド「サントーニ」や男性用香水やアクセサリーなど，男性の「ご褒美需要」を見込んだ商品を店頭に並べた[31]。

さらにこの年には，団塊世代にも「自分へのご褒美」消費が広がっていたことが確認できる。伊勢丹吉祥寺店は，父の日の販促策として，1960 年代のアンティークラジオや飛行機などのブリキ玩具などをそろえた。「女性で一般的な『自分へのご褒美』消費の父親版を目指した」という[32]。また，子育てが終わった同世代の女性においても，ひな人形を自分のために買い求めるといった「自分へのご褒美」消費が見られるようになった[33]。

そしてこの時期，「自分へのご褒美」消費の対象品の二極化はさらに顕著となっていった。100 万円以上する高級時計やダイヤモンドなどの高額商品が売れる一方，コンビニエンスストアで販売されるプレミアム商品の種類も増加し，ますます活発になった。たとえば，サントリーのプレミアムビール「ザ・プレミアムモルツ」は人気に火がつき，7 月には 350 mL 缶が一時，品切れになった[34]。敷島製パン㈱（以下，敷島製パン）は，「自分へのご褒美パン」として，3 種類のチーズを使った「スリーチーズ」，金粉をまぶしたトリュフチョコの「ダブルトリュフ」，ベルギー産のチョコを使った「ショコラケーキ」「アップルパイ」の 4 品を発売した[35]。ハーゲンダッツは，主力の「ミニカップ」の高級感が，競合商品が増えたことによって薄れたため，

---

30 『日経 MJ（流通新聞）』「悠々宿泊，頭皮もケア――リーガロイヤル東京が企画，リーブ 21 と壮年男性向け。」2005 年 4 月 13 日，p.9.
31 『産経新聞』「もうすぐボーナス，クリスマス 男性も「自分へのご褒美」」2005 年 11 月 29 日，東京朝刊，p.25.
32 『日経 MJ（流通新聞）』「父の日は自分でごほうび――伊勢丹吉祥寺店，アンティークラジオなど用意。」2005 年 6 月 8 日，p.5.
33 『日本経済新聞』「ご褒美ブーム，ひな人形にも（日時計）」2005 年 2 月 19 日，夕刊，p.9.
34 『朝日新聞』「高級ビール，なぜか活気 「復活の原動力に」業界【名古屋】」2005 年 9 月 16 日，朝刊，p.11.
35 『日本経済新聞』「自分へのご褒美パン――敷島製パン（ニューフェース）」2005 年 11 月 25 日，朝刊，p.35.

380円という高価格帯のアイス「パルフェ」を発売した。コンセプトは「一人の時間のちょっとした贅沢」「頑張った自分へのご褒美」で，20～30代女性を中心に支持を集め，ヒット商品に育った[36]。

2005年には，20～60代の男女が何らかの形で「自分へのご褒美」消費を行っており，日本社会にその消費様式が定着しつつあったことがうかがえる。このことを裏づけるように，この時期，新聞に「自分へのご褒美」が定着していることを報じた記事が登場した。2005年12月15日付の『読売新聞』は，つぎのように報じている。

> **年末になると，あちらこちらで耳にするのが，「自分へのご褒美」という言葉**。特にボーナス時期には，1年間仕事を頑張った女性たちにとって，このキーワードが普段より高価な買い物をする際の強い動機付けにもなっているようだ。
> かつて「自分で自分を褒めてあげたい」と言って話題になったのは，マラソン選手の有森裕子さん。以来，頑張った自分に"ご褒美"を買う女性は増えた[37]。

また，2005年1月8日付の『日経プラスワン』も，

> 「自分をほめたい」。女子マラソンの有森裕子選手がアトランタ五輪で銅メダルを獲得した際の名言だ。あれから十年あまり。**「頑張る私にご褒美」の一人表彰式は女性にとって当たり前の儀式になった**[38]。

と報じている。博報堂生活総合研究所の定点調査によれば，「『自分へのご褒美』として自分にプレゼントを贈ったことがある」と答えた20代の女性は，

---

36 『日本経済新聞』「ハーゲンダッツ「パルフェ」——高級アイス，自分へのご褒美（ヒットの舞台裏）」2005年2月19日，朝刊，p.35．
37 『東京読売新聞』「「自分へのご褒美」定着　20代68％，30代55％　平均は5万6000円」2005年12月15日，夕刊，p.11．
38 『日経プラスワン』「働く女性，自分へのご褒美——1万-3万円が主流（何でもランキング）」2005年1月8日，p.1．

2004 年は 68.2％ で，1998 年の 59.4％ より伸びた。30 代女性においても，98 年は 46.8％ だったが，04 年には 55.7％ と増加していた[39]。

2006 年

2006 年は，1996 年以降ずっと順調に「自分へのご褒美」関連の記事数が伸びていた中，初めてその数が落ち込みを見せる年である。この年の特徴は，新しい出来事があまりなかったということであろう。唯一，確認できた新しさは，「自分へのご褒美」消費の訴求機会がお中元とお歳暮に広がったことである。これで，お中元・お歳暮・クリスマス・バレンタイン・ホワイトデー，とほぼすべての贈与関連のイベント時に「自分へのご褒美」消費が見られるようになった。

「自分へのご褒美」消費の対象品は，男性向け・女性向け・団塊世代向けなどと，ターゲットごとに細分化されていたが，その内容は，宝飾品・高級時計・高級ホテルの宿泊プラン・趣味的高額商品など，すでにご褒美市場に投入されていた商品が中心であった。「自分へのご褒美」消費の対象品が飽和状態を迎えていたことは，「自分へのご褒美」ブームが一巡したことを示しているといえる。

2007 年以降の第Ⅳ期：「自分へのご褒美」消費の定着期

2007 年は，「自分へのご褒美」関連の記事が再度，飛躍的に伸びを示した年である。記事件数が増えたことの一番の理由は，「自分へのご褒美」が社会に定着したことで，「自分へのご褒美」というフレーズが使われやすくなったことであろう。海外旅行からちょっとした食事（たとえば，ウォーキング完歩後のそば屋での食事）まで，さまざまな消費行動に対して「自分へのご褒美」という表現が使われるようになった。そして，07 年以降，「自分へのご褒美」関連記事総数は，安定したほぼ横ばいの推移を見せる[40]。

また第Ⅳ期では，企業による「自分へのご褒美」訴求が再度，活発化して

---

39 『東京読売新聞』2005 年 12 月 15 日，夕刊，p.11.
40 ちなみに，2012 年 12 月 4 日に日経テレコンで 2010 年と 11 年における「自分へのご褒美（ほうび）」関連の記事総数を検索したところ，それぞれ 390 件と 361 件であった。07 年以降の水準を保っていることが確認された。

いる。この期の特徴は，スーパーやコンビニエンスストアなど，身近な小売店で手軽に購入することができる「プチご褒美」訴求製品が強化されたことである。たとえば，高級チョコレートのゴディバジャパン㈱は「自分へのご褒美」用の新ブランド「ショコイスト」を立ち上げ，直営店のほか高級スーパーなどで販売した[41]。コンビニエンスストア「ローソン」（㈱ローソン）では，オリジナルバスソルトが会社帰りのOLや長距離バス運転手のご褒美需要をつかみ，1年間で約200万個を販売するヒット商品になったという[42]。また，森永乳業㈱は「黄金比率プリン」を発売したところ，コンビニエンスストアの主要顧客である30〜40代の男性に受け，大ヒットした[43]。

特記すべきなのは，2008年9月15日にリーマン・ショックが起きて景気が後退したものの，08年から09年にかけて，「自分へのご褒美」関連の記事数が落ち込まなかったことである。景気が悪化する中でも，「自分へのご褒美」消費が行われていたことが読みとれる。ただし，この時期の記事を見ると，「自分へのご褒美」という消費行動そのものはなくなってはいないものの，その消費内容には変化が見られる。具体的には，「自分へのご褒美」が始まった頃（第Ⅰ・Ⅱ期）には中心的だった宝飾品や高級ブランド品などが購入されなくなり[44]，反対に1万円以下でちょっとした贅沢な気分が味わえる高級チョコレートやプレミアムデザートに人気が集まった。2009年12月12日付の『日経プラスワン』の記事によれば，自分へご褒美をする人は全体の約8割であり[45]，1回「5,000円以上1万円未満」を使うと答えた人が全体の21%を占めた。また，ご褒美の具体的な中身（複数回答）は，「お菓子や外食，高級食材など」が41%でトップであった[46]。

---

41 『日経産業新聞』「ゴディバジャパン，高級チョコで新ブランド。」2007年8月29日，p.24.
42 『産経新聞』「【こうして生まれた　ヒット商品の舞台裏】ローソン「オリジナル・バスソルト」」2007年11月23日，東京朝刊，p.16.
43 『日経MJ（流通新聞）』「森永乳業「黄金比率プリン」——おいしさ，理想値で表現（レシートデータヒット分析）」2008年4月7日，p.2.
44 『日経MJ（流通新聞）』「高額品市場に冷風，"背伸び消費"縮む，ヴィトン・ティファニー苦戦。」2008年6月2日，p.1.
45 「自分へのご褒美はない」人は2割程度であった。
46 『日経プラスワン』「頑張った自分へのご褒美1回いくら？（当世ふところ事情）」2009年12月12日，p.2. 調査は，『日経プラスワン』が調査会社マクロミルに依頼し，インターネットで実施された。調査対象は全国の成人既婚男女で，有効回答は618人（男女半々）であった。

「自分へのご褒美」消費の対象品は経済状況などによって変化しているものの,「自分へのご褒美」消費を行って,がんばった自分を褒めたり自分を励ましたりするという行為が,この頃にはあたり前の行為となっていることが見てとれる。

4. イノベーション普及としての「自分へのご褒美」消費形成の理解

ここまでで,「自分へのご褒美」消費を4つの時期に分けて振り返ってきた。本節では,イノベーション普及として「自分へのご褒美」消費形成を理解するために,第1章で説明したイノベーション普及を構成する要素にもとづいて,「自分へのご褒美」消費の普及を考察する。

■ イノベーションとしての「自分へのご褒美」消費

本書では,ロジャーズのイノベーション定義を採用し,「自分へのご褒美」消費がイノベーションの一事例であると捉えている。消費者は,「自分へのご褒美」消費に対して,イノベーションの基本特性である「新しさ」と「不確実性」を知覚していた。また,「自分へのご褒美」消費は経済効果をもたらしていたため,社会変化としてのイノベーションにもあてはまる。それぞれについて,より詳しく説明していく。

第1に,「自分へのご褒美」消費の「新しさ」についてだが,第Ⅰ期で「自分へのご褒美」の主な対象となっていたのは宝飾品だが,もともと宝飾品は女性が男性からプレゼントとしてもらうものであり,自分で購入するものではなかった[47]。バブル経済崩壊後,男性からの高額プレゼントも少なくなり,宝飾品の自己購入を含めた「自分へのご褒美」消費が出現した。第Ⅱ期から「自分へのご褒美」消費の対象として高級ホテルの宿泊も目立ちはじめているが,女性のホテル利用も当時は新しい消費行動だった[48]。以上の例

---

47 『日経MJ(流通新聞)』(「自分へのごほうび——ブランド買いの理由付け(生活者ウエーブ)」2003年2月11日, p.3.)でも,「アクセサリーも,ブランド品も,かつては男性からのプレゼントが中心だった。しかし今は受け身をやめて自らプレゼントをする女性が増えている」と記述されている。
48 女性限定宿泊プランは,帝国ホテル東京が1993年に発売開始した「レディーズ・フライ

が示すように，女性の高額商品の自己購入の代名詞でもあった「自分へのご褒美」消費は，1980年代後期～90年代初期にかけて新しい消費行動と見なされていた。

第2に，「自分へのご褒美」消費の「不確実性」についてだが，「自分へのご褒美」消費が見られはじめた頃，世間に批判的な見解が存在していたことはすでに説明した通りである。潜在的採用者は，「自分へのご褒美」消費を行うことによって，社会の批判を受けるかも知れないという不確実性（社会的リスク）を抱いたと思われる。一般的に，日本人は社会への適応を好み，社会的批判を受けることを避ける傾向にあるといわれる（Yamagishi, Hashimoto, and Schug, 2008）。よって，「自分へのご褒美」消費の採用には社会的リスクが存在していたと考えられる。この社会的リスクは，日本社会で共有されていた価値観や規範などと関係があるため，後の「自分へのご褒美」消費の普及に対する「日本社会の影響」を考察するセクションでさらに議論する。

最後に，「自分へのご褒美」消費による社会変化についてだが，第1章で，イノベーションは経済効果などの社会変化をもたらさなくてはならない（武石他，2012）と説明したが，「自分へのご褒美」消費は人々の消費行動に変化をもたらしただけではなく，その経済効果も大きかった。バブル経済崩壊後に景気が悪化して消費が冷え込む中，「自分へのご褒美」消費は個人需要を喚起し，多くの企業に売り上げ増加をもたらしたことが新聞で報道されている（具体的な例については，前節を参照）。

「自分へのご褒美」消費の普及プロセス

つぎに，「自分へのご褒美」消費の普及プロセスについて考察する。図

デー」が先駆けであった。バブル経済崩壊後の法人顧客や円高などによる外国人ビジネス客の減少によるビジネス悪化の対策として打ち出されたプランのひとつであったが，当時は「どの程度の反応があるのか，はっきり言ってわからなかった」（『週刊エコノミスト』「〔商品開発物語〕レディーズ・フライデー」2001年11月13日号，pp.68-69.）というような状態であり，女性のホテル利用はそれまでにないものであった。また帝国ホテル大阪総支配人室も，後に「十三年前に帝国ホテル東京が初めて『レディーズ・フライデー』という商品を販売開始した当時，まだ女性のホテル利用にこれほど需要があるとは考えられておりませんでした」と語っている（『産経新聞』「【数字が示す女性像】11年間で10万人利用　女性限定宿泊プラン大ヒット」2006年5月8日，大阪夕刊，p.5.）。

3-1は,「自分へのご褒美」の普及プロセスがS字型曲線であることを示している[49]。「自分へのご褒美」をとりあげた記事は,はじめは数が少なく,徐々に増えている。S字型曲線パターンのイノベーションは,「社会的模倣または個人的影響力の影響が強い」「イノベーションに対する初期信念の分布が単峰形分布である」「採用に向けて必要な学習量が高い」「イノベーションの不確実性が高い」などの状況で見られるという(第1章を参照)。「自分へのご褒美」消費における,これら状況について考える。

第1に,社会的模倣または個人的影響力の影響の強さについてだが,「自分へのご褒美」消費の初期の採用者が20〜30代のOLであり,後期の採用者が男性やシニア層であったことを考えると,社会的模倣または個人的影響力の影響が強かった可能性がある。独身女性は消費をリードするといわれており,たとえば,バブル経済崩壊後,消費・文化情報には男女格差が生まれたといわれ,女性の方が男性よりも積極的に情報を収集し,男性に教えるようになったといわれている(村岡,1999)。

第2に,「自分へのご褒美」消費に対する初期信念の分布だが,これは単峰形分布だったと思われる。「自分へのご褒美」を好意的に受け止めた人々(たとえばOL)と批判的に受け止めた人々の両方の存在が第Ⅰ期に確認されている。

第3に,採用に向けて必要な学習量だが,これは高かったと考えられる。これは第4のイノベーションの不確実性の高さとも関連しているが,「自分へのご褒美」消費の不確実性(「自分へのご褒美」消費を行うことによって,社会の批判を受けるかも知れないという不確実性)が高かったため,その不確実性を減少させるために多くの情報を必要としたと考えられる。具体的には,どのような時に「自分へのご褒美」消費を行ってもよいのか,どのような理由があれば「自分へのご褒美」消費を行っても社会の批判を受けずにすむのか,またどのような人が「自分へのご褒美」消費を行っているのか,といった情報を事前に学習していたと思われる[50]。

---

[49] もっとも,バス・モデル(Bass, 1969)の普及モデルでは売り上げまたは採用者数が縦軸にとられており,図3-1では記事数が縦軸にとられているため,その違いに対する注意が必要である。
[50] 第4章と第5章でとりあげる企業とメディアのコミュニケーションは,潜在的消費者のこういったニーズに応える情報を提供していた。

第Ⅱ部　実証研究：「自分へのご褒美」消費の普及

「自分へのご褒美」消費の採用者カテゴリー

　つぎに，「自分へのご褒美」消費における採用者カテゴリーについて検討する。歴史的分析から明らかになったように，日本社会に属する人々の全員が，「自分へのご褒美」消費を同時に採用したわけではなかった。「自分へのご褒美」消費の採用者をロジャーズの採用者カテゴリーにあてはめてみることにする。

　「自分へのご褒美」消費の採用者は，大きく「働く若い独身女性」（OL，20〜30代），「主婦」，「団塊世代」（50代後半〜60代），「男性」，「シニア層」（70代以上）のセグメントに分けられる（表3-2）。これらセグメントを採用時期にもとづいて（表3-2にもとづく）採用者カテゴリーにあてはめてみると，「働く若い独身女性」がイノベーター・初期採用者であり，「主婦」が初期多数派，「団塊世代」と「男性」が後期多数派，「シニア層」がラガードに分類される[51]。

「自分へのご褒美」消費の普及に対するコミュニケーション・チャネルの影響

　コミュニケーション・チャネルは，採用者カテゴリーごとにその効果が異なるといわれており，初期の採用者にとってはインターパーソナル・コミュニケーションよりもマスメディア・コミュニケーションの方が相対的に重要であり，反対に，後期の採用者はマスメディアに依存する必要性は少なく，インターパーソナル・コミュニケーションの方が相対的に重要であるという（Rogers, 2003）。「自分へのご褒美」消費において初期の採用者であった「働く若い独身女性」にとって，インターパーソナル・コミュニケーションよりもマスメディア・コミュニケーションの方が相対的に重要であったかどうかを本データで確認することはできないが，少なくとも女性誌というマスメディア・コミュニケーションが彼女らに影響を与えていたことは示唆されて

---

[51] この分析は，あくまでも採用時期にもとづいて「自分へのご褒美」の消費者セグメントを採用者カテゴリーにあてはめたものであるため，各カテゴリーの割合（イノベーター2.5%，初期採用者13.5%，初期多数派13.5%，後期多数派13.5%，ラガード16%）が適応するか否かについては確認がとれていない。

いる。たとえば『読売新聞』は，「『自分へのごほうび』という言葉がある。実は同僚の間でも，半分冗談のようにこの言葉が使われる。……多分，女性誌が発信源なのだろう[52]」と伝えている。また，小説家中村うさぎも，『朝日新聞』の対談トークで「女性誌で『自分さがし』『自分へのご褒美』といった言葉を，よく目にするんですよ[53]」と述べている。これら新聞記事は，女性誌が「自分へのご褒美」の情報発信源であったことを示唆している。

「自分へのご褒美」消費の普及に対する企業のマーケティング活動と競争の影響

　企業のマーケティング活動や競争も，イノベーションの普及に影響を与える要素である。「自分へのご褒美」消費の歴史的分析からは，宝飾品業界から食品・飲料業界まで，さまざまな業界の関与が確認された。具体的には，多数の企業から多くの「自分へのご褒美」関連商品が発売されており，また高級ホテルや百貨店などは「自分へのご褒美」関連の限定商品の発売やプロモーションを行って，「自分へのご褒美」消費を訴求した。同一業界内でも，競合となる企業群が競い合うように「自分へのご褒美」消費を対象とした商品を発売した（たとえば，プレミアムアイスクリームなど）。

　こうした企業のマーケティング活動は，「自分へのご褒美」の対象品を広げるだけでなく，オケージョンならびに採用者の拡張をもたらした。企業のマーケティング活動や競争は，「自分へのご褒美」消費の普及に影響を与えたと考えられる。

「自分へのご褒美」消費の普及に対する日本社会の影響

　社会構造は，イノベーションの普及を促進することもあれば，阻害することもある。日本社会で共有されていた価値・信念・規範と，「自分へのご褒美」消費は適合性が低く，そのことが「自分へのご褒美」消費を不確実なものとし，その普及を阻んでいたと考えられる。このことを考える上で，ここ

---

[52] 『読売新聞』1990 年 11 月 21 日。
[53] 『朝日新聞』「脱・衝動買い　対談・消費マインドの真相（どうする・あなたなら…）」1998 年 10 月 15 日，朝刊，p.33.

では文化心理学における日本人研究を振り返る。

　各文化には，歴史的に育まれてきている価値観がある。文化心理学の研究は，日本を含む東洋とアメリカに代表される西洋では異なった価値観や自己観があることを明らかにしている。トリアンディス（Triandis, 1989, 1995）は，社会規範には個人主義と集団主義の2つがあることを示した。個人主義は西洋でよく見られ，集団主義は東洋でよく見られるとされている。日本は集団主義文化と見なされることが多い。トリアンディスは，西洋の個人主義と東洋の集団主義を対比し，2つに通底する特性としてつぎの3点をあげた。第1に，個と集団の目標や利害が対立した場合，個人主義文化は個を優先するのに対して，集団主義文化は集団を優先する。第2に，個人主義文化では自己は私的な特性によって定義されがちであるのに対して，集団主義文化では関係的特性によって定義されがちである。第3に，個人主義文化より集団主義文化の方が内集団と外集団の区別がより明瞭である。

　また，マーカスと北山（Markus and Kitayama, 1991）は，歴史的に共有されている自己観が文化によって異なっていることを指摘した。西洋における自己観は「自己＝他から切り離されたもの」という信念により特徴づけられる。そのため，西洋では，自分自身の中に確固とした属性を見いだし，それを外に表現することで自己は形成される（相互独立的自己観）。これに対して，東洋における自己観は「自己＝他と根元的に結びついているもの」という信念により特徴づけられる。そのため，東洋では，他と関係を結び，社会的関係の中で意味ある位置を占めることにより，自己は形成される（相互協調的自己観）。

　これらの研究が示すのは，日本社会で共有されている価値観や自己観では，集団の和が重んじられるということである。このことをより明確に示しているのが，日本人の「あるべき自己」（selfways; Heine, Lehman, Markus, and Kitayama, 1999; Markus, Mullally, and Kitayama, 1997）の議論である。「あるべき自己」は社会の価値観を含み，よい・適切・道徳的な人になるための手順を示す。日本人の「あるべき自己」は，社会ネットワークの中で適切であることを強調し，周囲との協調性を重んじるという（Heine, et al., 1999）。さらにハイネ他は，日本人の特徴として自己批判（self-criticism）・自己制御

第3章 「自分へのご褒美」消費とは

図3-3 イノベーション普及としての「自分へのご褒美」消費形成

```
イノベーションの概念：
・1980年代後期から1990年代初期にかけて「新しい」消費行動
・「自分へのご褒美」消費を行うことによって，社会の批判を受けるかも知れないという「不確実性」が存在した
・個人需要を喚起し，多くの企業に売り上げの増加をもたらし，経済効果が見られた
```

イノベーション普及プロセスについて

- イノベーションの普及プロセス：
  ・S字型曲線パターン
- イノベーションの採用者カテゴリー：
  ・イノベーター／初期採用者「働く若い独身女性」，初期多数派「主婦」，後期多数派「団塊世代」／「男性」，ラガード「シニア層」
- イノベーションの採用プロセス：
  ・本データでは考察不可

イノベーション普及に影響を与える要素

- コミュニケーション・チャネル：
  ・「働く若い独身女性」に対する女性誌の影響
- 企業のマーケティング活動：
  ・宝飾品業界，百貨店業界，食品・飲料業界など
- 企業の競争：
  ・同一業界内外における，企業間競争
- 社会の構造：
  ・歴史的に共有されている価値観・自己観の影響

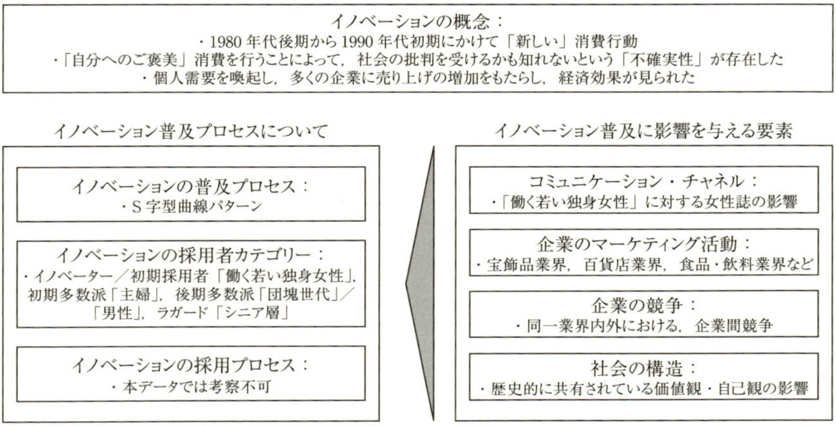

(self-discipline)・外部的参照フレーム (external frame of reference)・恥と謝罪 (shame and apologies)・感情制御とバランス (emotional restraint and balance) をあげ，日本人が自己や感情を制御する傾向にあることを指摘している。

これらの研究をふまえると，自分自身を称賛する行為は，日本社会で歴史的に共有されている価値観や自己観と相容れなかったと考えられる。実際，道徳教育でも忍耐の重要性が強調され，自己中心的な行動は慎むように指導されていたという (Kondo, 1992)。いいかえるならば，「自分へのご褒美」といった自己称賛型行為は社会的には好ましくなかったということである。

以上で明らかになったポイントを，第1章の図1-1（イノベーション普及を構成する主要素）にあてはめて整理したものが図3-3である。

5. まとめ

以上，本章では「自分へのご褒美」消費の歴史的分析を通じて「自分へのご褒美」消費の発展を確認し，さらにイノベーション普及としての「自分へのご褒美」消費形成に対する理解を深めてきた。この歴史的分析による発見事項は，つぎのようにまとめることができる。

まず，「自分へのご褒美」消費の形成についてであるが，「自分へのご褒

第Ⅱ部　実証研究：「自分へのご褒美」消費の普及

美」消費は 1988 年頃にその始まりが見られた。それは，S 字型曲線パターンの普及プロセスをたどり，2005 年頃には日本社会に定着しつつあった。当初の主な採用者セグメントは「働く若い独身女性」（OL，20〜30 代）だったが，次第にその他セグメントへと広がり，04 年には「主婦」，05 年には「団塊世代」（50 代後半〜60 代）と「男性」，そして 07 年には「シニア層」（70 代以上）が何らかの形で「自分へのご褒美」消費を行っていたことが記事で報道されていた。

つぎに，「自分へのご褒美」消費の普及に影響を与えた要素についてだが，まずコミュニケーション・チャネルでは，女性誌といったマスメディア・コミュニケーションが「働く若い独身女性」セグメントに影響を与えていたことが示唆された。そして，多数の業界が「自分へのご褒美」マーケティングを行い，「自分へのご褒美」の普及に影響を与えていたことが明らかとなった。宝飾品業界や百貨店業界は，「自分へのご褒美」消費を促進するためのプロモーション活動を行い，食品・飲料業界は「自分へのご褒美」消費をターゲットとした新商品をつぎつぎと発売していた。このように，「自分へのご褒美」消費をめぐる企業活動はさまざまな業界にわたって行われていたが，同時に同一業界内で競合にあたる企業が競い合うように「自分へのご褒美」マーケティングを行っていたことも確認されている。これは，企業間競争も普及に影響を与えていたことを示唆している。

最後に，「自分へのご褒美」消費に対する社会的見解が，時代とともに変化したことが見てとれた。第Ⅰ期（1988〜96 年：「自分へのご褒美」消費の始まり）における「自分へのご褒美」消費に対する世間の見解は批判的なものであり，正当性における「負債」を抱えていた。それは，日本社会で歴史的に共有されている価値観や自己観と，「自分へのご褒美」消費の適合性が低かったためと考えられる。そして，この世間の批判的な見解は，潜在的採用者に「自分へのご褒美」に対する不確実性を認知させたと思われる。しかし，第Ⅲ期（2002〜06 年：「自分へのご褒美」消費の拡大）の末頃には，「自分へのご褒美」消費は日本人にとってあたり前の消費行動となりつつあった。

以上の発見事項をふまえて，第 4 章と第 5 章で，企業とメディア（女性

誌）がどのようにして「自分へのご褒美」消費の普及に影響を与えたかについて探っていく。より具体的には，企業と女性誌がどのようにして「自分へのご褒美」消費を正当化し，潜在的採用者が認知していた不確実性を減少させ，広く社会に普及していったかということについて考えることとする。

第4章 企業によるコミュニケーション・メッセージの分析

1. はじめに

　本章では,「自分へのご褒美」消費の普及における企業のマーケティング活動についてとりあげる。企業のマーケティング活動には,商品開発・プライシング・販売チャネルの選択・プロモーションなど,さまざまな活動が含まれるが,本書ではコミュニケーション活動に焦点をあてる。企業が展開したコミュニケーション・メッセージを分析することで,企業がどのようなフレームを「自分へのご褒美」消費に対して創造・展開し,「自分へのご褒美」消費を正当化して,普及させていったかについて考察する。

　本章の構成はつぎの通りである。第2節では,本調査の概要について説明する。第3節では,企業が創造・展開した「自分へのご褒美」消費に対するフレームを提示する。第4節では,企業のフレーミング活動と「自分へのご褒美」消費の正当化の関係について考察する。第5節では,企業が創造・展開した「自分へのご褒美」消費に対するフレームが,社会運動研究で明らかとなっているスノー他のフレーミング戦略に該当するかについて検討する。第6節では,「自分へのご褒美」消費の正当化がさまざまな業界を含んだ社会レベルで起こった集団的活動であったことを説明する。そして最後に,発見事項をまとめる。

第Ⅱ部　実証研究：「自分へのご褒美」消費の普及

2. 調査概要

「自分へのご褒美」消費を訴求した企業のコミュニケーション・メッセージを分析するためには，まず「自分へのご褒美」消費を訴求した企業を特定する必要がある。第3章の「自分へのご褒美」消費の変遷に関する歴史的分析から，「自分へのご褒美」訴求には主に宝飾品業界，百貨店業界，そして食品・飲料業界の3つの業界がかかわっていたと考えた。そこで，これら業界における企業の広告やプレスリリースを収集し，それら企業がどのようなコミュニケーション・メッセージを発信していたか，詳細な分析を行った。

宝飾品業界はコミュニケーション媒体として雑誌を重視する傾向にあったため[1]，発行部数がもっとも高い[2]女性ヤングアダルト誌の2誌，『MORE』と『with』に掲載された「自分へのご褒美」を訴求した宝飾品の広告を収集した[3]。1994〜2009年にかけて45件の広告が特定された。

百貨店業界の広告は，全国5大都市の百貨店の広告を収録した『NEWSPAPER ADVERTISING No. 2』（ワイ・ビームス）を活用して収集した[4]。1992〜2009年にかけて125件の広告が特定された。

食品・飲料業界はコミュニケーション媒体としてテレビを重視する傾向にあったが，過去20年間にわたるテレビ広告のすべてを確認することはほとんど不可能に近い。そこで，本分析ではプレスリリースを分析対象とするこ

1　大手広告代理店である㈱電通のデータによれば，宝飾品業界が含まれる「ファッション・アクセサリー」業種は，広告費における雑誌のウエイトが高い（http://www.dentsu.co.jp/books/ad_cost/2011/business.html）。また，宝飾品企業のデ・ビアスも，「Ms. DIAMOND」キャンペーンは雑誌広告とシネマCMを活用して展開したと『日本経済新聞』の記事（1994年4月28日，朝刊）で述べている。

2　このデータは，JMPAマガジンデータ（㈳日本雑誌協会）によるものである。たとえば，2008年4〜6月の間の女性ヤングアダルト誌の印刷証明つき発行部数のトップ5は，『MORE』（530,000部），『with』（523,333部），『AneCan』（253,333部），『an an』（251,208部），『Oggi』（211,667部）である（http://www.j-magazine.or.jp/magadata/index.php?module=list&action=list&cat1cd=2&cat3cd=19&period_cd=1）。

3　具体的には，1990年から2009年の各号（480誌）を精査し，「自分へのご褒美」消費を訴求した広告を収集した。データの厳密性を重視し，「ご褒美（ごほうび）」という言葉が使用されている広告に限った。すなわち，類似コンセプト（例：「自分へのプレゼント」）が使用された広告は省いた。

4　具体的には，1990年から2009年の各号（240誌）を精査した。データの選択は，雑誌広告の際と同様である。

第4章　企業によるコミュニケーション・メッセージの分析

とにした[5]。データベース「日経テレコン21」を活用して，「自分へのご褒美」，「自分にご褒美」，または「自分へご褒美」という言葉を含む食品と飲料メーカーのプレスリリースを収集した[6]。2003～09年にかけて，食品（34件）と飲料（12件）のプレスリリースが特定された。

コミュニケーション・メッセージは，内容分析手法を使って分析した（有馬，2011）。具体的には，4つのステップで分析を行った。第1に，カテゴリー化による内容分析を行い（qualitative content analysis; Krippendorff, 1980），広告・プレスリリースのテキストから，「自分へのご褒美」を行う理由として意味ある文脈を抽出してコード化した。

第2に，フレーム分析を行い，企業がどのような「自分へのご褒美」消費に対するフレームを創造し，「自分へのご褒美」消費の意味づけを行ったかを探究した（Creed, et al., 2002a; Goffman, 1974）。フレーム分析の目的のひとつは，いくつかの要素がいかに意味のパッケージに結びつけられているかを理解することである。具体的には，広告・プレスリリースのテキストから抽出した「自分へのご褒美」を行う理由として意味あるコードが，あるフレームに集合されるか否かを探索した。

またフレーム分析は，フレームの創造者が結果を形づくるためにフレームをいかに展開したかを理解することを含む（Creed, et al., 2002a; Kaplan, 2008）。そこで第3のステップとして，企業がどのような複数のフレームを展開し，そして支配的フレームを生み，「自分へのご褒美」消費を促進したかを探った。

最後に，特定された支配的フレームそれぞれに対して解釈的分析を行い，「自分へのご褒美」消費が普及する中で各フレームが果たした役割を探った。解釈的分析とは，テキストを精読し，関連する先行研究を参考にしながら批判的に考察することでテキストの意味を探る手法である（Hirschman, 1989; Mick, 1988）。本分析では，特に各フレームと「自分へのご褒美」消費の正当化の関係に注意を払った。

5　プレスリリースは報道機関向けに発表された資料であり，広告は消費者を含むより幅広い対象に向けた宣伝活動であるため，2つは異なる媒体である。しかし，いずれも企業の意図や認識が反映されているという点においては共通している。
6　日経テレコンで検索可能なプレスリリースの収録期間は2003年1月5日からである。

第Ⅱ部　実証研究：「自分へのご褒美」消費の普及

3. 企業による「自分へのご褒美」消費のフレーミング活動

宝飾品業界における支配的フレーム：「がんばった証」としての「自分へのご褒美」

1994～2009年にかけて、「自分へのご褒美」を訴求した宝飾品企業は15社であった。「自分へのご褒美」消費を訴求した広告をもっとも展開したのはデ・ビアス（10件）で、その後は4℃（9件）・カルティエ（Cartier SA、以下、カルティエ）（5件）・プラチナ・ギルド・インターナショナル㈱（以下、プラチナ・ギルド・インターナショナル）（4件）と続く（表4-1）。この15社による「自分へのご褒美」消費訴求の広告（45件）から抽出された「自分へのご褒美」消費を行う理由のコード数は21であった（表4-2）。

この21コードをもとに、フレーム分析を行った。まず、類似するコードをまとめ、8つのサブカテゴリー、そして最終的に6つのフレームに分類し

表4-1　「自分へのご褒美」消費の訴求広告を行った宝飾品企業と広告回数

宝飾品企業（ブランド名）	第Ⅰ期 (1994～1996)	第Ⅱ期 (1997～2001)	第Ⅲ期 (2002～2006)	第Ⅳ期 (2007～2009)	小計
デ・ビアス	8	2	0	0	10
4℃	0	0	5	4	9
カルティエ	0	4	0	1	5
プラチナ・ギルド・インターナショナル	0	0	3	1	4
サマンサティアラ	0	0	3	0	3
アガット	0	0	2	0	2
ブルーム	0	0	1	1	2
フェンディ	0	1	1	0	2
シチズン	0	0	1	1	2
インディ	0	1	0	0	1
ジュエリー・ガラ	0	0	1	0	1
ノジェス	0	0	1	0	1
ウズ	0	0	0	1	1
ジル　スチュアート	0	0	0	1	1
ティファニー	0	0	0	1	1

第4章　企業によるコミュニケーション・メッセージの分析

表4-2　宝飾品企業が提案した「自分へのご褒美」消費を行う理由（コード）

コード	テキストの具体例
がんばったから	「あきっぽいって言われた私が、勤続5年。つらい仕事を、がんばったぶんいいおもい。エイッ、とっておきのダイヤモンド」（出所：デ・ビアス、『with』、1994年7月号）
クリスマスだから	「クリスマスって一年の締めくくりでもあるから、ちょっと自分を振り返ってみたりする。うん。けっこう頑張ったんじゃない？だからごほうびとして、私から私へプレゼント」（出所：4℃、『with』、2005年1月号）
幸せになるため	「幸運のメッセージがこめられたネックレス。肌身離さず身につければ、きっと希望にあふれたハッピーな日々が訪れるはず……」（出所：ノジェス、『MORE』、2006年1月号）
自信を与えるため	「身につける人に自信をくれるプラチナ・ネックレスは、毎日頑張っている自分への初めてのごほうび」（出所：4℃、『MORE』、2007年8月号）
いい女になるため	「素敵な大人の女性になるための先行投資として、30歳の誕生日に憧れの時計を手に入れたいという気持ちは、玲奈もモア読者も同じ！」（出所：カルティエ、『MORE』、2008年1月号）
成功・達成したから	「目標がひとつ達成できたから。今、私に、ごほうびのダイヤモンド」（出所：デ・ビアス、『with』、1999年1月号）
思い出を形にするため	「ワーッと祝杯もいいけれど、私は、これ、ダイヤモンドを自分に贈ります。いつまでも変わらない輝きが、いつまでもこの喜びを思い出させてくれるから」（出所：デ・ビアス、『with』、1999年1月号）
記念日だから	「……こういうものだったら生活にはりが出て、見るたびに"また頑張ろう！"って思えるじゃないですか。そうだ、何か記念日に買うのもいいですね」（出所：プラチナ・ギルド・インターナショナル、『MORE』、2002年8月号）
私を輝かせるため	「私を輝かせるスペシャルなごほうび」（出所：4℃、『MORE』、2004年8月号）
がんばるため	「大げさじゃないけど確かな存在感があるプラチナとダイヤのプチジュエリーに、来年も頑張れますようにって願いを込めて」（出所：4℃、『with』、2005年1月号）
勤続5年目だから	「あきっぽいって言われた私が、勤続5年。つらい仕事を、がんばったぶんいいおもい。エイッ、とっておきのダイヤモンド」（出所：デ・ビアス、『with』、1994年7月号）
元気を与えるため	「……いつも静かに輝いて、確かな自信を与えてくれる。『大丈夫、あなたなら』って、元気をくれる。私をちょっといい女にしてくれる……」（出所：プラチナ・ギルド・インターナショナル、『MORE』、2002年8月号）
1年の記念に	「この一年の記念やご褒美に、私自身に贈りたい」（出所：アガット、『MORE』、2004年1月号）
1年の締めくくりに	「クリスマスって一年の締めくくりでもあるから、ちょっと自分を振り返ってみたりする。うん。けっこう頑張ったんじゃない？だからごほうびとして、私から私へプレゼント」（出所：4℃、『with』、2005年1月号）
勝ったから	「初めてサバチーニに勝った時も、記念にアクセサリーを買った。そうやって理由を見つけては、頑張った自分に、自分でご褒美のプレゼントをあげている」（出所：デ・ビアス、『with』、1995年1月号）
取得したから	「ぶきっちょな私が、お免状取得。がんばったことは、自分がいちばん良く知っているから。エイッ、とっておきのダイヤモンド」（出所：デ・ビアス、『MORE』、1994年12月号）
誕生日だから	「素敵な大人の女性になるための先行投資として、30歳の誕生日に憧れの時計を手に入れたいという気持ちは、玲奈もモア読者も同じ！」（出所：カルティエ、『MORE』、2008年1月号）
努力をたたえるため	「三日坊主だった私が、ダイエット成功。私の固い意志と努力を、ここにたたえます。エイッ、とっておきのダイヤモンド」（出所：デ・ビアス、『MORE』、1994年7月号）
励ましとして	「頑張った私に、ごほうびをあげたくて、これからも頑張る私を励ましたくて、手に入れたプラチナは私の宝物」（出所：プラチナ・ギルド・インターナショナル、『MORE』、2002年8月号）
ボーナスだから	「ボーナスやウエディングなどいつもよりもっとジュエリーが気になるこの季節。特別な気持ちをこめて、とっておきを『サマンサティアラ』で見つけよう！」（出所：サマンサティアラ、『MORE』、2006年8月号）
やせたから	「4キロやせたごほうびに、ダイヤモンド」（出所：デ・ビアス、『with』、1995年8月号）

注：ひとつの広告に、複数のコードが含まれているものもある。

た（表4-3）。1994〜2009年にかけて使用されたフレームの回数は表4-4の通りである。

フレーム別にコード数を比較してみると（表4-3），「『がんばった証』として」は10コードで，このフレームだけで全体の48%を占めていた。「これから先もがんばるため」3コード（14%），「いい女になるため」3コード（14%），「『クリスマスギフト』として」2コード（10%），「記念日のギフトとして」2コード（10%），「幸せになるため」1コード（5%）であった。

「『がんばった証』として」は，「がんばったから」「何かを成し遂げたから」「形にするため」の3つのサブカテゴリーから構成された。「これから先もがんばるため」は「がんばるため」，「いい女になるため」は「いい女にな

表4-3 宝飾品企業が提案した「自分へのご褒美」消費を行う理由
（フレーム・サブカテゴリー・コード）

フレーム	サブカテゴリー	コード
「がんばった証」として	がんばったから	がんばったから
		努力をたたえるため
	何かを成し遂げたから	成功・達成したから
		勝ったから
		やせたから
		取得したから
		勤続5年目だから
		ボーナスだから
	形にするため	思い出を形にするため
		1年の記念に
これから先もがんばるため	がんばるため	がんばるため
		元気を与えるため
		励ましとして
いい女になるため	いい女になるため	いい女になるため
		私を輝かせるため
		自信を与えるため
「クリスマスギフト」として	クリスマスだから	クリスマスだから
		1年の締めくくりに
記念日のギフトとして	記念日（イベント）だから	記念日だから
		誕生日だから
幸せになるため	幸せになるため	幸せになるため

第4章　企業によるコミュニケーション・メッセージの分析

表 4-4　宝飾品企業が広告で使用した「自分へのご褒美」消費のフレームと回数

フレーム	第Ⅰ期 (1994〜1996)	第Ⅱ期 (1997〜2001)	第Ⅲ期 (2002〜2006)	第Ⅳ期 (2007〜2009)	小計
「がんばった証」として	14	4	13	3	34
「クリスマスギフト」として	0	4	7	4	15
いい女になるため	0	2	6	4	12
これから先もがんばるため	0	1	4	0	5
幸せになるため	0	1	3	1	5
記念日のギフトとして	0	1	2	1	4

注：フレームを構成するコードをひとつでも含んでいれば，その広告は該当するフレームを展開していると見なした。なお，各広告において，あるフレームを構成するコードを2つ以上含んでいた場合でも，1回としてカウントされた。また，ひとつの広告が複数のフレームを展開している場合もある。

るため」，「『クリスマスギフト』として」は「クリスマスだから」，「記念日のギフトとして」は「記念日（イベント）だから」，「幸せになるため」は「幸せになるため」のサブカテゴリーから構成された。

1994〜2009年にかけて使用されたフレームの回数を見ると（表4-4），「『がんばった証』として」が34回で，このフレームだけで全体の45%を占めていた。「『クリスマスギフト』として」15回（20%），「いい女になるため」12回（16%），「これから先もがんばるため」5回（7%），「幸せになるため」5回（7%），「記念日のギフトとして」4回（5%）であった。

これらの分析で確認されるのは，宝飾品業界では「『がんばった証』として」のフレームがもっとも展開されており，それが支配的フレームであったといえよう。この「『がんばった証』として」フレームについて詳しく見ていく。

『MORE』と『with』で展開された宝飾品業界の広告で確認された最初の「自分へのご褒美」訴求広告は，1994年のデ・ビアスによる「Ms. DIAMOND（ミズ・ダイヤモンド）」キャンペーンである。自立した若い女性にダイヤモンド・ジュエリーを自己購入してもらう狙いで，「ごほうびは，とっておきのダイヤモンド」をキャッチフレーズにしてコミュニケーション活動が行われた。

第Ⅱ部　実証研究:「自分へのご褒美」消費の普及

ごほうびは，とっておきのダイヤモンド。
エイッ。
Ms. DIAMOND
あきっぽいって言われた私が，勤続 5 年。つらい仕事を，**がんばったぶんいいおもい**。エイッ，とっておきのダイヤモンド[7]。

「Ms. DIAMOND」広告では，「あきっぽいって言われた私が，勤続 5 年」や「三日坊主だった私が，ダイエット成功」[8]など，女性たちの地道な努力やがんばりをたたえ，そのがんばりに対するご褒美としてダイヤモンドを購入することをうながした。

「Ms. DIAMOND」キャンペーン以降，宝飾品業界のさまざまな企業が，「『がんばった証』として」「自分へのご褒美」を行うことを提案した（表 4-5）。たとえば，デ・ビアスのつぎに「自分へのご褒美」訴求広告を展開したのはカルティエ（1997 年）であるが，彼らも「『がんばった証』として」としてカルティエを購入することを促進している。

表 4-5 「『がんばった証』として」フレームを展開した宝飾品企業と回数

宝飾品企業（ブランド名）	第Ⅰ期 (1994〜1996)	第Ⅱ期 (1997〜2001)	第Ⅲ期 (2002〜2006)	第Ⅳ期 (2007〜2009)	小計
デ・ビアス	14	2	0	0	16
プラチナ・ギルド・インターナショナル	0	0	4	1	5
4℃	0	0	2	2	4
サマンサティアラ	0	0	3	0	3
アガット	0	0	2	0	2
インディ	0	1	0	0	1
カルティエ	0	1	0	0	1
フェンディ	0	0	1	0	1
シチズン	0	0	1	0	1

注：「『がんばった証』として」を構成している 10 コードのいずれかを展開した場合を 1 カウントとした。ひとつの広告が複数のコードを展開している場合もあるが，その場合は各コードを 1 カウントとした。

7　『with』1994 年 7 月号に掲載。
8　『MORE』1994 年 7 月号に掲載。

思いきって手に入れる本物の魅力
自分に「カルティエ」のごほうび
そろそろ，かわいいだけのアクセサリー使いは卒業したい。大人の女に似合うのは，「カルティエ」のベーシックジュエリー。この1年，**がんばった自分へのごほうびに本物を**。年を重ねていくごとに，この時期にと決めてアイテムを増やしていくのも手。創立150周年を迎える名門ジュエラーのジュエリーだからこそ，ステイタスも満足度もほかでは得られない。「カルティエ」で自信の笑顔に[9]。

このように，「自分へのご褒美」消費に対する「『がんばった証』として」フレームは1994年にデ・ビアスによって創造された後，さまざまな企業によって展開された。そして，宝飾品業界における「自分へのご褒美」消費に対する支配的フレームとして，2009年に至っている。

■ 百貨店業界における支配的フレーム：「クリスマスギフト」としての「自分へのご褒美」

1992〜2009年にかけて，31の百貨店（または百貨店グループ）が「自分へのご褒美」を訴求していた。「自分へのご褒美」消費を訴求した広告をもっとも展開したのは小田急百貨店新宿店（21件）で，その後は東武百貨店池袋店（10件），京王百貨店新宿店（9件）と続く（表4-6）。この31百貨店による「自分へのご褒美」消費訴求の広告（125件）から抽出された「自分へのご褒美」消費を行う理由のコード数は18であった（表4-7）。

この18コードをもとに，フレーム分析を行った。類似するコードをまとめ，11のサブカテゴリー，8つのフレームに分類した（表4-8）。これらフレームが1992〜2009年にかけて使用された回数は表4-9の通りである。

フレーム別にコード数を比較してみると（表4-8），「『がんばった証』として」は6コードで，このフレームだけで全体の33％を占めていた。「いい女になるため」3コード（17％），「『癒し』として」3コード（17％），「幸せ

---

[9] 『with』1997年1月号に掲載。

第Ⅱ部　実証研究:「自分へのご褒美」消費の普及

表4-6　「自分へのご褒美」消費の訴求広告を行った百貨店（または百貨店グループ）と広告回数

百貨店（または百貨店グループ）	第Ⅰ期 (1992〜1996)	第Ⅱ期 (1997〜2001)	第Ⅲ期 (2002〜2006)	第Ⅳ期 (2007〜2009)	小計
小田急百貨店　新宿店	1	2	11	7	21
東武百貨店　池袋店	0	1	5	4	10
京王百貨店　新宿店	0	1	6	2	9
日本橋三越本店	0	2	4	2	8
小田急百貨店　町田店	0	0	6	2	8
松屋	0	0	4	3	7
伊勢丹　新宿店	0	0	3	3	6
大丸東京店	0	0	6	0	6
横浜タカシマヤ	0	2	1	3	6
有楽町西武	0	0	4	0	4
銀座三越	0	0	1	3	4
吉祥寺近鉄	0	3	0	0	3
新宿タカシマヤ	0	2	0	1	3
そごう横浜店	0	1	0	2	3
三越	0	0	1	2	3
プランタン銀座	0	0	1	2	3
西武池袋本店	0	0	2	1	3
東急百貨店　東横店	0	0	3	0	3
日本橋タカシマヤ	0	0	1	1	2
東急百貨店　渋谷本店	0	0	0	2	2
町田東急ツインズ	0	0	0	2	2
恵比寿ガーデンプレイス	0	1	0	0	1
そごう	0	0	1	0	1
港南台タカシマヤ	0	0	2	0	2
玉川タカシマヤ	0	0	1	0	1
東急百貨店　吉祥寺店	0	0	1	0	1
サンシャインシティ　専門店街アルパ	0	0	0	1	1
池袋三越	0	0	0	1	1
大宮タカシマヤ	0	0	0	1	1
タカシマヤ	0	0	0	1	1
大丸心斎橋店	0	0	0	1	1

注：2005年に玉川タカシマヤ・横浜タカシマヤ・港南台タカシマヤが共通広告を展開していたため，横浜タカシマヤと港南台タカシマヤにもそれぞれ1カウントずつ加えた。したがって，特定された広告は125件だが，この表の合計は127件である。

第 4 章　企業によるコミュニケーション・メッセージの分析

表 4-7　百貨店が提案した「自分へのご褒美」消費を行う理由（コード）

コード	テキストの具体例
クリスマスだから	「クリスマスから年末年始は、素敵なギフトが行き交うシーズンです。一年の最後だから、大切な人だけではなく、自分自身へのご褒美をあげたいもの」（出所：小田急百貨店 新宿店, 1992 年 12 月）
がんばったから	「いろいろ頑張った自分に, 1 年分のごほうびを贈りましょう」（出所：松屋, 2005 年 12 月）
いい女になるため	「『がんばってる自分へのご褒美』って、ブームに流されてるみたいでイヤだった。でも、鏡の前でネックレスを身につけた私は、いつもより胸はって、ちょっといい女だったみたい」（出所：東武百貨店 池袋店, 2001 年 11 月）
幸せになるため	「年に一度のクリスマスを、誰よりも幸せな気分で迎えるための"セルフ・ギフト"」（出所：小田急百貨店 新宿店, 2003 年 12 月 3 日）
バレンタインだから	「スウィーツの芸術家がバレンタインのために, 洗練された感性と技を使って仕上げる極上ショコラだから。大切な方への愛のあかしとして贈るのはもちろん、お友達や自分へのご褒美としてもお愉しみください」（出所：大丸東京店, 2006 年 1 月）
私を輝かせるため	「1 年間がんばった私に『メリークリスマス』。来年の自分もさらに輝かせるために煌びやかなご褒美, 見つけてみませんか？」（出所：小田急百貨店 町田店, 2005 年 12 月 1 日）
1 年のねぎらいに	「この 1 年間の自分にごほうび。気持ちまで輝くジュエリー」（出所：松屋, 2004 年 12 月）
がんばるため	「『1 年間お疲れさま』『これからも頑張ろう』そんな頑張った自分への想いを, アクセサリーで輝かせて」（出所：小田急百貨店 新宿店, 2003 年 12 月 10 日）
思い出を形にするため	「一年間の頑張りや成長をカタチに……。聖夜のおしゃれをより華やかに……。それぞれの想いに合わせた, ちょっぴり贅沢な私への贈り物」（出所：東武百貨店 池袋店, 2008 年 11 月 27 日）
いたわるため	「木枯らしが吹く季節とともに, 年末に向けて肌も一年の疲れ総決算。ゆっくりとお風呂に入ったら, リッチなスキンケアで肌もいたわって」（出所：タカシマヤ, 2009 年 12 月）
癒しとして	「大切な人へのさりげない贈り物として, 今年 1 年がんばった自分へのご褒美として。健康と美の広場『リフレピア』から、健康と癒しのアイテムをご紹介します」（出所：京王百貨店 新宿店, 2004 年 12 月 9 日）
記念に	「ことし一年の思い出や記念に。自分にご褒美計画始まる」（出所：大丸心斎橋店, 2009 年 12 月 9 日）
ねぎらうため	「一年の最後だから、大切な人だけではなく、自分自身へのご褒美をあげたいもの。『今年一年ご苦労さま』『来年も頑張ろうね』のメッセージを込めて」（出所：小田急百貨店 新宿店, 1992 年 12 月）
素敵になるため	「とっておきのご褒美ギフトを, わたしへ。いつもよりもっと素敵になるために, 手にしたいラグジュアリーな品。クリスマスは, わたしに贈る」（出所：東武百貨店 池袋店, 2008 年 11 月 6 日）
特別な気分になるため	「今年もがんばった自分に, お気に入りのご褒美を。ちょっと特別な気分になれる, 選りすぐりのギフトです」（出所：東急百貨店 渋谷本店, 2008 年 12 月 4 日）
特別な日だから	「特別な日の, 特別なご褒美」（出所：京王百貨店 新宿店, 2006 年 12 月）
のんびりするため	「『のんびり』や『キレイ』や『ハッピー』。1 年間がんばってきた私に, ごほうびを贈ろう」（出所：町田東急ツインズ, 2009 年 11 月）
ボーナスだから	「いよいよ夏到来！そしてボーナスシーズンも到来！自分へのご褒美に, 普段よりちょっと良いものを手に入れたい, という方も多いのでは」（出所：そごう, 2004 年 7 月）

注：すべて、『NEWSPAPER ADVERTISING No. 2』に収録。

になるため」2 コード（11％），「『クリスマスギフト』として」1 コード（6％），「『バレンタインギフト』として」1 コード（6％），「記念日のギフトとして」1 コード（6％），「これから先もがんばるため」1 コード（6％）であった。

第Ⅱ部　実証研究：「自分へのご褒美」消費の普及

表 4-8　百貨店が提案した「自分へのご褒美」消費を行う理由
（フレーム・サブカテゴリー・コード）

フレーム	サブカテゴリー	コード
「がんばった証」として	がんばったから	がんばったから
		ねぎらうため
		1年のねぎらいに
	何かを成し遂げたから	ボーナスだから
	形にするため	思い出を形にするため
		記念に
いい女になるため	いい女になるため	いい女になるため
		私を輝かせるため
		素敵になるため
「癒し」として	「癒し」として	いたわるため
		癒しとして
	のんびりするため	のんびりするため
幸せになるため	幸せになるため	幸せになるため
		特別な気分になるため
「クリスマスギフト」として	クリスマスだから	クリスマスだから
「バレンタインギフト」として	バレンタインだから	バレンタインだから
記念日のギフトとして	記念日（イベント）だから	特別な日だから
これから先もがんばるため	がんばるため	がんばるため

　「『がんばった証』として」は，「がんばったから」「何かを成し遂げたから」「形にするため」の3つのサブカテゴリーから構成された。「『癒し』として」は「『癒し』として」「のんびりするため」，「いい女になるため」は「いい女になるため」，「幸せになるため」は「幸せになるため」，「『クリスマスギフト』として」は「クリスマスだから」，「『バレンタインギフト』として」は「バレンタインだから」，「記念日のギフトとして」は「記念日（イベント）だから」，「これから先もがんばるため」は「がんばるため」のサブカテゴリーから構成された。

　1992～2009年にかけて使用されたフレームの回数を見ると（表4-9），「『クリスマスギフト』として」が86回で，このフレームだけで全体の51%を占めていた。「『がんばった証』として」が50回（30%），「いい女になるため」13回（8%），「幸せになるため」8回（5%），「『バレンタインギフト』

第4章　企業によるコミュニケーション・メッセージの分析

表4-9　百貨店が広告で使用した「自分へのご褒美」消費のフレームと回数

フレーム	第Ⅰ期 (1992〜1996)	第Ⅱ期 (1997〜2001)	第Ⅲ期 (2002〜2006)	第Ⅳ期 (2007〜2009)	小計
「クリスマスギフト」として	1	13	47	25	86
「がんばった証」として	1	5	20	24	50
いい女になるため	0	1	4	8	13
幸せになるため	0	1	4	3	8
「バレンタインギフト」として	0	0	2	3	5
これから先もがんばるため	1	0	2	0	3
「癒し」として	0	0	1	2	3
記念日のギフトとして	0	0	1	0	1

注：カウント法は，表4-4と同様。

として」5回（3％），「これから先もがんばるため」3回（2％），「『癒し』として」3回（2％），「記念日のギフトとして」1回（1％）であった。

百貨店業界では，コード数は宝飾品業界と同様に「『がんばった証』として」フレームがもっとも高かったものの，フレームの使用回数で見ると「『クリスマスギフト』として」フレームがもっとも高い。百貨店業界では，「『クリスマスギフト』として」フレームが支配的フレームであったといえよう。この「『クリスマスギフト』として」フレームについて詳しく見ていく。

1992年に，小田急百貨店新宿店がクリスマスギフトの特集広告で，「自分へのご褒美」を百貨店では初めて訴求した。

特集：私への贈りもの
クリスマスから年末年始は，素敵なギフトが行き交うシーズンです。一年の最後だから，大切な人だけではなく，自分自身へのご褒美をあげたいもの。「今年一年ご苦労さま」「来年も頑張ろうね」のメッセージを込めて。私から私へプレゼントを贈る──。ちょっと贅沢に，ちょっと奮発して"PRESENT FOR ME"。そんな心のゆとりが，暮らしを楽しく彩ってくれます[10]。

10　『NEWSPAPER ADVERTISING No. 2』に収録。

第Ⅱ部　実証研究:「自分へのご褒美」消費の普及

小田急百貨店新宿店は，クリスマスショッピングを盛り上げる目的で，「自分へのご褒美」を訴求したようである。1993〜96 年の間には，「『クリスマスギフト』として」フレームは使われていなかったが，97 年からはさまざまな百貨店で展開されている（表 4-10）。たとえば，97 年には吉祥寺近鉄・新宿タカシマヤ・横浜タカシマヤの3店が「『クリスマスギフト』として」「自分へのご褒美」を提案し，98 年に恵比寿ガーデンプレイス，99 年に京王百貨店新宿店，2000 年に日本橋三越本店と，さまざまな百貨店へ徐々に広がっていき，09 年に至る。

表 4-10 「『クリスマスギフト』として」フレームを展開した百貨店と回数

百貨店（百貨店グループ）	第Ⅰ期 (1992〜1996)	第Ⅱ期 (1997〜2001)	第Ⅲ期 (2002〜2006)	第Ⅳ期 (2007〜2009)	小計
小田急百貨店　新宿店	1	2	10	3	16
京王百貨店　新宿店	0	1	5	2	8
小田急百貨店　町田店	0	0	6	2	8
日本橋三越本店	0	2	4	1	7
東武百貨店　池袋店	0	0	5	2	7
伊勢丹　新宿店	0	0	3	3	6
大丸東京店	0	0	4	0	4
銀座三越	0	0	1	3	4
吉祥寺近鉄	0	3	0	0	3
そごう横浜店	0	1	0	2	3
プランタン銀座	0	0	1	2	3
東急百貨店　東横店	0	0	3	0	3
新宿タカシマヤ	0	1	0	1	2
横浜タカシマヤ	0	2	0	0	2
有楽町西武	0	0	2	0	2
西武池袋本店	0	0	1	1	2
恵比寿ガーデンプレイス	0	1	0	0	1
日本橋タカシマヤ	0	0	1	0	1
東急百貨店　吉祥寺店	0	0	1	0	1
松屋	0	0	0	1	1
東急百貨店　渋谷本店	0	0	0	1	1
三越	0	0	0	1	1

注：カウント法は，表 4-5 と同様。

第4章　企業によるコミュニケーション・メッセージの分析

食品・飲料業界における支配的フレーム：「日常の小さなご褒美」と「癒し」としての「自分へのご褒美」

2004〜09年にかけて，19の食品・飲料メーカーが「自分へのご褒美」消費を訴求した商品プレスリリースを発信していた。「自分へのご褒美」消費訴求のプレスリリースをもっとも展開したのは日本ミルクコミュニティ㈱（以下，日本ミルクコミュニティ）（17件）で，つぎはロッテ（4件）である（表4-11）。この19食品・飲料メーカーによる「自分へのご褒美」消費訴求のプレスリリース（46件）から抽出された「自分へのご褒美」消費を行う理由のコード数は11であった（表4-12）。

この11コードをもとに，フレーム分析を行った。類似するコードをまと

表4-11　「自分へのご褒美」消費の訴求プレスリリースを発信した食品・飲料メーカーと発信回数

食品・飲料メーカー	第Ⅲ期 （2004〜2006）	第Ⅳ期 （2007〜2009）	小計
日本ミルクコミュニティ	5	12	17
ロッテ	0	4	4
モンテール	1	1	2
明治製菓	0	2	2
森永製菓	1	1	2
敷島製パン	2	0	2
アサヒ飲料	0	2	2
サントリー	0	2	2
コカ・コーラシステム	1	1	2
キリンビバレッジ	2	0	2
明治乳業	0	1	1
ヤマザキナビスコ	0	1	1
協同乳業	0	1	1
不二家	0	1	1
ネスレ日本	0	1	1
サッポロビール	0	1	1
ポッカ	0	1	1
キーコーヒー	0	1	1
トンボ飲料	0	1	1

第Ⅱ部　実証研究：「自分へのご褒美」消費の普及

表4-12　食品・飲料メーカーが提案した「自分へのご褒美」消費を行う理由（コード）

コード	テキストの具体例
安らぎをえるため	「仕事の合間のちょっとしたおやつに，仕事帰りの人の自分へのご褒美に……手軽に食べられ，ホッとできるデザートとして『STUDIO M』を開発しました。オフィスに近いコンビニで簡単に手に入るスイーツで『癒しの時間』を演出していきます」（出所：㈱モンテール，プレスリリース，2005年9月20日）
ちょっとした贅沢をするため	「敷島製パン㈱では，年末企画として1年間頑張った自分へのごほうびとして，ちょっと特別な気分を味わえるスイーツ『ちょっとごほうび』シリーズ4アイテム（価格・オープン，参考小売価格150円（税抜き））を11月29日～12月31日までの期間限定で関東・中部・関西地区で発売します」（出所：敷島製パン㈱，プレスリリース，2005年11月15日）
手軽だから	「弊社では，CVSやスーパーで気軽に買えるチョコレートでありながら，素材にこだわったシンプルで高品質なプレミアムチョコレートを提供したいと思い，研究・開発をしてまいりました」（出所：森永製菓㈱，プレスリリース，2005年10月17日）
がんばったから	「今回新発売される『なめらかプリンアイス』『なめらかヨーグルト』は，20～40代の男女に仕事で頑張った自分へのご褒美やデザートとして楽しんでいただきたい一品です」（出所：協同乳業㈱，プレスリリース，2009年8月21日）
バレンタインだから	「バレンタインの贈り物として，自分へのごほうびチョコとして最適な，スペシャル感あふれる新商品を投入し，『ショコライフ』ブランドの活性化を図ってまいります」（出所：明治製菓㈱，プレスリリース，2008年1月11日）
休憩だから	「自分へのご褒美においしさひとりじめ。休憩時に，ゆったりとしたひとときに，ストレート果汁の贅沢なおいしさは自分へのご褒美にもぴったりです」（出所：キリンビバレッジ㈱，プレスリリース，2004年10月5日）
休日だから	「『私の休日』は，株式会社トンボ飲料の通販限定商品です」（出所：㈱トンボ飲料，プレスリリース，2007年12月7日）
クリスマスだから	「クリスマスシーズンに皆で分けて食べられる超ビッグサイズのチョコレート，『ハートフルガーナ〈ウィンターバージョン〉』・『ハートフルクランキー〈ウィンターバージョン〉』が期間限定で新登場」（出所：㈱ロッテ，プレスリリース，2008年10月24日）
幸せになるため	「食事や嗜好品で求められる『ちょっとした贅沢』は，『食』にメリハリを付けることで，自分へのご褒美や喜び，幸せ，満足感，ストレス解消のようなニーズが背景にあると考えられます」（出所：アサヒ飲料㈱，プレスリリース，2009年1月22日）
ストレス解消のため	「食事や嗜好品で求められる『ちょっとした贅沢』は，『食』にメリハリを付けることで，自分へのご褒美や喜び，幸せ，満足感，ストレス解消のようなニーズが背景にあると考えられます」（出所：アサヒ飲料㈱，プレスリリース，2009年1月22日）
年末年始だから	「自分へのごほうびに，ペコちゃんファンの方への年末年始の贈り物にいかがでしょうか」（出所：㈱不二家，プレスリリース，2008年8月20日）

注：ひとつの広告に，複数のコードが含まれているものもある。

め，7つのサブカテゴリー，6つのフレームに分類した（表4-13）。このフレームが2004～09年にかけて使用された回数は表4-14の通りである。

カテゴリー別にコード数を比較してみると（表4-13），「『日常の小さなご褒美』として」は4コードで，全体の36％を占めていた。そのほかは，「『クリスマスギフト』として」2コード（18％），「『癒し』として」2コード（18％），「『がんばった証』として」1コード（9％），「『バレンタインギフト』として」1コード（9％），「幸せになるため」1コード（9％）であった。

「『日常の小さなご褒美』として」は，「ちょっとした贅沢をするため」「休

第 4 章　企業によるコミュニケーション・メッセージの分析

表 4-13　食品・飲料メーカーが提案した「自分へのご褒美」消費を行う理由
（フレーム・サブカテゴリー・コード）

フレーム	サブカテゴリー	コード
「日常の小さなご褒美」として	ちょっとした贅沢をするため	ちょっとした贅沢をするため
		手軽だから
	休みだから	休憩だから
		休日だから
「クリスマスギフト」として	クリスマスだから	クリスマスだから
		年末年始だから
「癒し」として	「癒し」として	安らぎをえるため
		ストレス解消のため
「がんばった証」として	がんばったから	がんばったから
「バレンタインギフト」として	バレンタインだから	バレンタインだから
幸せになるため	幸せになるため	幸せになるため

表 4-14　食品・飲料メーカーがプレスリリースで使用した
「自分へのご褒美」消費のフレームと回数

フレーム	第Ⅲ期 （2004〜2006）	第Ⅳ期 （2007〜2009）	小計
「日常の小さなご褒美」として	9	16	25
「癒し」として	7	16	23
「がんばった証」として	2	3	5
「バレンタインギフト」として	0	5	5
「クリスマスギフト」として	0	2	2
幸せになるため	0	1	1

注：カウント法は，表 4-4 と同様。

みだから」の 2 つのサブカテゴリーから構成された。「『クリスマスギフト』として」は「クリスマスだから」，「『癒し』として」は「『癒し』として」，「『がんばった証』として」は「がんばったから」，「『バレンタインギフト』として」は「バレンタインだから」，「幸せになるため」は「幸せになるため」のサブカテゴリーから構成された。

2004〜09 年にかけて使用されたフレームの回数を見ると（表 4-14），「『日常の小さなご褒美』として」が 25 回（41%），「『癒し』として」が 23 回（38%）で，この 2 カテゴリーだけで全体の 79% を占めていた。「『がんばっ

た証』として」が 5 回（8%），「『バレンタインギフト』として」5 回（8%），「『クリスマスギフト』として」2 回（3%），「幸せになるため」1 回（2%）であった。

　表 4-14 から明らかなことは，食品・飲料メーカーは「『日常の小さなご褒美』として」と「『癒し』として」のフレームを主に活用しているということである。この 2 つのフレームについてそれぞれ見ていく。

　「『日常の小さなご褒美』として」フレームは，「ちょっとした贅沢をするため」と「休みだから」のサブカテゴリーで構成されている。まず，「ちょっとした贅沢をするため」とは，お手頃価格でちょっとした贅沢を「自分へのご褒美」として行うことを指す。たとえば敷島製パンは，2004 年にスイーツタイプの菓子パン「ちょっと特別」シリーズを発売した。「ちょっと特別」シリーズは，150 円（税抜，オープン参考小売価格）で「チョコレート，キャラメル，チーズ，ナッツなどの素材を使った濃厚でコクのある味のスイーツや，さくさくとした食感で味わえるフルーティーなベーカリーアイテム等を具現化した，こだわりのシリーズ」を販売し，お手頃な価格でちょっとした贅沢を「1 年間がんばった自分へのごほうびとして」提供した[11]。つぎに，「休みだから」とは，休憩時間や週末などの休みに「自分へのご褒美」をすることの推奨を表している。たとえばロッテは，2008 年にコンビニエンスストア・駅売店限定の「とっておきのチョコパイシャルドネ・ブラッドオレンジ」を「ちょっとしたブレイクタイムや自分へのご褒美に最適な」商品として販売した[12]。04〜09 年にかけて，15 社が「『日常の小さなご褒美』として」フレームを展開した（表 4-15）。また，それら 15 社によって発売された「『日常の小さなご褒美』として」訴求の新商品を表 4-16 に一覧にした。04 年に 5 商品，05 年に 3 商品，06 年に 0 商品，07 年に 4 商品，08 年に 4 商品，09 年に 7 商品が発売されている。

　「『癒し』として」の「自分へのご褒美」とは，「自分へのご褒美」でホッとできる「癒し」を提供するというものである。この訴求を理解する上では，2005 年に発売された㈱モンテール（以下，モンテール）のコンビニエンス

11　敷島製パン㈱，プレスリリース，2004 年 11 月 16 日。
12　㈱ロッテ，プレスリリース，2008 年 12 月 19 日。

第 4 章　企業によるコミュニケーション・メッセージの分析

表 4-15　「『日常の小さなご褒美』として」フレームを展開した食品・飲料メーカーと回数

食品・飲料メーカー	第Ⅲ期 (2004〜2006)	第Ⅳ期 (2007〜2009)	小計
ロッテ	0	3	3
森永製菓	2	1	3
モンテール	1	1	2
敷島製パン	2	0	2
サントリー	0	2	2
アサヒ飲料	0	2	2
コカ・コーラシステム	1	1	2
日本ミルクコミュニティ	2	0	2
明治製菓	0	1	1
ネスレ日本	0	1	1
サッポロビール	0	1	1
ポッカ	0	1	1
キーコーヒー	0	1	1
キリンビバレッジ	1	0	1
トンボ飲料	0	1	1

注：カウント法は，表 4-5 と同様。

ストア限定のチルドデザートブランド「STUDIO M」のコンセプトがわかりやすい。モンテールは，「新ブランド『STUDIO M』は『忙しい自分に癒しの時間を与えるためのスイーツ』をコンセプトとしています」とプレスリリースに明記している。そして，「仕事の合間のちょっとしたおやつに，仕事帰りの人の自分へのご褒美に……手軽に食べられ，ホッとできるデザートとして『STUDIO M』を開発しました」と説明している[13]。「自分へのご褒美」でホッとできる「癒し」を提供するという訴求は，主にスイーツ商品で見られた（表 4-18）。スイーツは，ちょっと疲れて甘いものが欲しくなった時や，休憩の時に食べる傾向があったため，「癒し」といった訴求が適合したのであろう。04 年には，「ジョージア」（コカ・コーラシステム）が初の「スイーツシリーズ」である「ホワイトショコラ」で「『癒し』として」訴求を活用しているが，「ジョージア」はこの商品を「"デザート感覚"で飲用す

13　㈱モンテール，プレスリリース，2005 年 9 月 20 日。

第Ⅱ部　実証研究:「自分へのご褒美」消費の普及

表4-16　「『日常の小さなご褒美』として」訴求の新商品

年	食品・飲料メーカー	新　商　品
2004	敷島製パン	スイーツタイプの菓子パン「ちょっと特別」シリーズから4品
2004	コカ・コーラシステム	缶コーヒー「ジョージアスイーツシリーズホワイトショコラ」など3品
2004	日本ミルクコミュニティ	100%ストレート果汁「農協果汁　長崎産温州みかん」
2004	日本ミルクコミュニティ	100%ストレート果汁「農協果汁　青森産つがる」など2品
2004	キリンビバレッジ	ストレート果汁の美味しさが手軽に味わえるオレンジジュース
2005	敷島製パン	スイーツタイプの菓子パン「ちょっとごほうび」シリーズから4品
2005	森永製菓	本格ビターチョコ「カレ・ド・ショコラ〈カカオ70〉」
2005	モンテール	コンビニエンスストア限定チルドデザートブランド「STUDIO M」から4品
2007	明治製菓	自分用チョコレート「ショコライフ」8種類
2007	森永製菓	極薄チョコレート「ラドンナ〈ヨーロピアンミルク〉」など2品
2007	ネスレ日本	「ネスカフェ　ホームカフェ」シリーズからアイス用商品3品
2007	トンボ飲料	葡萄果実飲料「私の休日」ギフトセット
2008	ロッテ	コンビニエンスストア・駅売店限定の「とっておきのチョコパイ　シャルドネ・ブラッドオレンジ」
2008	コカ・コーラシステム	缶コーヒー「ジョージア　カフェ　クレム」
2008	サントリー	プレミアム・カクテル「銀座カクテル　スパークリング〈マスカット〉」など2品
2008	ロッテ	デザートショコラ「ノーチェ〈ティラミス〉」と「ノーチェ〈クレームブリュレ〉」
2009	モンテール	オンラインショップ限定「熟成プレミアムケーキ」シリーズから3品
2009	サントリー	缶カクテル「銀座カクテル　完熟マンゴ」など2品
2009	アサヒ飲料	缶コーヒー「ワンダ　プレミアムラテ微糖　缶190g」
2009	アサヒ飲料	缶入りカクテル「アサヒショコラカクテル」
2009	サッポロビール	発泡酒「サッポロ　ショコラブルワリー〈ビター〉」
2009	ポッカ	「菓子工房フラノデリス　プリンシェイク」
2009	キーコーヒー	限定ブレンドコーヒー「バレンタインブレンド」など

注:ひとつの新商品が,複数のフレームを訴求していることもある。

る新タイプのコーヒー」と説明しており[14],やはりスイーツに近いポジショニングで発売していた。04〜09年にかけて,6社が「『癒し』として」フレームを展開した（表4-17）。また,それら6社によって発売された「『癒し』として」訴求の新商品は23品あり,04年に3商品,05年に2商品,06年に2商品,07年に4商品,08年に4商品,09年に8商品が発売されている（表4-18）。

14　コカ・コーラシステム,プレスリリース,2004年10月18日。

第 4 章　企業によるコミュニケーション・メッセージの分析

表 4-17　「『癒し』として」フレームを展開した食品・飲料メーカーと回数

食品・飲料メーカー	第Ⅲ期 (2004〜2006)	第Ⅳ期 (2007〜2009)	小計
日本ミルクコミュニティ	5	12	17
コカ・コーラシステム	1	1	2
ロッテ	0	1	1
モンテール	1	0	1
森永製菓	0	1	1
アサヒ飲料	0	1	1

注：カウント法は，表 4-5 と同様。

表 4-18　「『癒し』として」訴求の新商品

年	食品・飲料メーカー	新　商　品
2004	日本ミルクコミュニティ	100％ストレート果汁「農協果汁　長崎産温州みかん」
2004	日本ミルクコミュニティ	100％ストレート果汁「農協果汁　青森産つがる」など 2 品
2004	コカ・コーラシステム	缶コーヒー「ジョージアスイーツシリーズホワイトショコラ」など 3 品
2005	モンテール	コンビニエンスストア限定チルドデザートブランド「STUDIO M」から 4 品
2005	日本ミルクコミュニティ	デザート「栗原さんちのおすそわけ　とろけるパンナコッタ」など 2 品
2006	日本ミルクコミュニティ	デザート「栗原さんちのおすそわけ　おもわずチョコプリン」など 2 品
2006	日本ミルクコミュニティ	デザート「栗原さんちのおすそわけ　ココナツバナナプディング」
2007	日本ミルクコミュニティ	デザート「とろけるパンナコッタ」
2007	日本ミルクコミュニティ	デザート「栗原さんちのおすそわけ　じっくり抹茶プリン」
2007	日本ミルクコミュニティ	デザート「栗原さんちのおすそわけ　おとうふプリン　三温糖のジンジャーソース」
2007	森永製菓	極薄チョコレート「ラドンナ〈ヨーロピアンミルク〉」など 2 品
2008	ロッテ	デザートショコラ「ノーチェ〈ティラミス〉」と「ノーチェ〈クレームブリュレ〉」
2008	日本ミルクコミュニティ	デザート「栗原さんちのおすそわけ　ミルクココアプリン」
2008	日本ミルクコミュニティ	デザート「栗原さんちのおすそわけ　こっそりカフェラテプリン」
2008	コカ・コーラシステム	缶コーヒー「ジョージア　カフェ　クレム」
2009	アサヒ飲料	缶コーヒー「ワンダ　プレミアムラテ微糖　缶 190 g」
2009	日本ミルクコミュニティ	デザート「栗原さんちのおすそわけ　きょうもカフェラテプリン」
2009	日本ミルクコミュニティ	デザート「栗原さんちのおすそわけ　まろにが抹茶プリン　蔵出し茶使用」
2009	日本ミルクコミュニティ	デザート「栗原さんちのおすそわけ　とろけるパンナコッタ」
2009	日本ミルクコミュニティ	デザート「栗原さんちのおすそわけ　塩ミルクキャラメルプリン」
2009	日本ミルクコミュニティ	デザート「栗原さんちのおすそわけ　まろにが抹茶プリン　新茶ブレンド」
2009	日本ミルクコミュニティ	デザート「栗原さんちのおすそわけ　まろにが抹茶プリン」
2009	日本ミルクコミュニティ	デザート「栗原さんちのおすそわけ　おまたせミルクティプリン」

第Ⅱ部　実証研究:「自分へのご褒美」消費の普及

4. 企業のフレーミング活動と「自分へのご褒美」消費の正当化

　ここまでで，宝飾品業界，百貨店業界，そして食品・飲料業界が創造・展開した「自分へのご褒美」消費に関するフレームを確認した。つぎに，これらフレームを含む企業のコミュニケーション活動（フレーミング活動ということもできよう）が，「自分へのご褒美」消費が正当性を獲得する中で果たした役割を探る。

　本書では，正当性をサックマンの定義にもとづいて理解している。「自分へのご褒美」消費に適用すると，それは「自分へのご褒美」消費が日本社会の価値観や規範において，望ましい・真っ当である・適切であると日本人一般に認知されるということである。「自分へのご褒美」消費の正当化プロセスを理解する上で，サックマンが定義した正当性の3類型（道徳的正当性，実践的正当性，認知的正当性）の獲得とジョンソン他が特定した正当化プロセスの4段階（採用者セグメントの広がり）を参考にする。

■「『がんばった証』として」フレームの創造・展開と道徳的正当性の獲得

　道徳的正当性とは，対象がポジティブで，真っ当であるという評価である。この正当性を獲得するためには，社会を「説得」する必要がある（Suchman, 1995）。「自分へのご褒美」消費においては，「『がんばった証』として」フレームの創造・展開を通じて，道徳的正当性の獲得が行われたといえよう。「自分へのご褒美」消費に対して「『がんばった証』として」フレームが創造・展開されたことで，「自分へのご褒美」消費はがんばった後に行われる消費であると解釈されることを可能にした。日本では「努力」や「がんばり」といった言葉に対して非常にポジティブなイメージがある（Heine, et al., 1999）。すなわち，「『がんばった証』として」フレームを創造・展開することで，「自分へのご褒美」消費は自己称賛型行為で社会的には好ましくないかも知れないが，がんばった後に行われるので許されると社会を「説得」したといえよう。

■ 「『クリスマスギフト』として」フレームの創造・展開と実践的正当性の獲得

　実践的正当性とは，関係者が得られると期待する価値にもとづいて対象を支援することである。この正当性を獲得するためには，対象がもたらす価値を関係者に伝える必要がある。「自分へのご褒美」消費においては，「『クリスマスギフト』として」フレームの創造・展開を通じて，実践的正当性の獲得が行われたといえよう。「『クリスマスギフト』として」フレームを創造・展開することで，「自分へのご褒美」消費がクリスマスの贈り物であると解釈されることを可能にした。社会の批判を受けるかも知れないという社会的リスクが存在する中で「自分へのご褒美」消費を行うためには，消費者は「真っ当な理由」を必要とする。クリスマスの贈り物といった，すでに社会に根差している慣習に「自分へのご褒美」を共鳴させたことで，「『クリスマスギフト』として」フレームは，「自分へのご褒美」消費を行うための「真っ当な理由」になったといえよう。

　また，「『クリスマスギフト』として」フレームの創造・展開は，潜在的普及者に対しても価値を提供した。「自分へのご褒美」消費が始まった当初，主な普及者は宝飾品企業だったが，「『クリスマスギフト』として」フレームが創造・展開されたことで，「自分へのご褒美」消費の対象品がギフト関連すべてとなった。すなわち，「『クリスマスギフト』として」フレームの創造・展開によって，より多くの供給者が「自分へのご褒美」消費を訴求できるようになり，「自分へのご褒美」消費を売り上げ促進のプロモーションに活用できるようになったのである。

■ 「『日常の小さなご褒美』として」と「『癒し』として」フレームの創造・展開と認知的正当性の獲得

　認知的正当性とは，対象が社会において「あたり前」の存在として認知されることである。この正当性を獲得するためには，標準化か大衆化が有用であるといわれている（Suchman, 1995）。「自分へのご褒美」消費においては，「『日常の小さなご褒美』として」と「『癒し』として」フレームの創造・展

開を通じて，認知的正当性の獲得が行われたといえよう。

まず，「『日常の小さなご褒美』として」フレームは標準化に値するといえよう。「『日常の小さなご褒美』として」フレームの創造と同時に，コーヒーや菓子パンなど，日常的に購入する商品が「自分へのご褒美」消費の対象となった。そして「自分へのご褒美」消費は，日常の中で普通の行為となったのである。

つぎに，「『癒し』として」フレームは大衆化に値するといえる。「癒し」は，さまざまな産業分野から訴求商品が提供された一大消費ブームであった（松井，2004）。「自分へのご褒美」消費は，普及が始まった当初，働く若い独身女性（OL）が主な採用者であったが，「『癒し』として」フレームを活用した「自分へのご褒美」商品は，多様な消費者セグメント（たとえば，30代子育て専業主婦や20～30代の働く男性，そして40～50代など）をターゲットとしており，「自分へのご褒美」消費を大衆化したといえよう。

コミュニケーション・ターゲットの拡張を「自分へのご褒美」消費の正当化

つぎに，コミュニケーション・ターゲットの拡張「自分へのご褒美」消費の正当化について検討する。サックマンの定義によれば，正当性とは「一般的な認知」である。すなわち，あるセグメントのみによって「望ましい・真っ当である・適切である」とされればよいのではなく，社会全体によってそう認知される必要がある。これはジョンソン他の正当化プロセスの考えとも一致する。ジョンソン他の正当化プロセスでは，「イノベーション」と「コミュニティの承認」である特定のセグメントに受容され，「普及」と「世間一般の承認」で最初のセグメントとは別のセグメントへ普及することで，ほとんどの人に容認され，やがて一般の認知となる。

「自分へのご褒美」消費を訴求した。企業のコミュニケーション活動においては，第Ⅰ期でOLセグメントを主なターゲットとし，第Ⅱ期から主婦セグメント，そして第Ⅲ期以降に男性セグメントなどへと拡張していた。具体的には，第Ⅰ期においては，宝飾品業界のコミュニケーション活動がもっとも活発だったが（表4-1，表4-6，表4-11を比較），この時期の宝飾品業界

の主なコミュニケーション・ターゲットは，デ・ビアスの「Ms. Diamond」キャンペーンに見られるように，OLセグメントであった。第Ⅱ期には，百貨店業界によって「『クリスマスギフト』として」フレームの展開も活発化していくが，百貨店業界はOLを中心としつつも，主婦などOL以外のセグメントに対してもコミュニケーション活動を行っていた。そして第Ⅲ期から見られた食品・飲料業界のコミュニケーションでは，主婦あるいは男性をメインターゲットにしたものが登場した。たとえば，森永製菓㈱（以下，森永製菓）は2005年に「カレ・ド・ショコラ〈カカオ70〉」を発売し，「『日常の小さなご褒美』として」フレームを展開しているが，メインターゲットは30代子育て専業主婦であると述べている[15]。その他の商品でも，20〜50代の女性（「栗原さんちのおすそわけ」シリーズ，日本ミルクコミュニティ）や20〜40代の男女（「メイトーのなめらかプリン」，協同乳業㈱）など，幅広い層がターゲットとされており，第Ⅲ期以降は，企業のコミュニケーション活動は特定のセグメントをターゲットとするのではなく，世間一般に向けて行われていたことが確認できた。

5. 「自分へのご褒美」消費の正当化に向けたフレーミング戦略

ここまでで，「自分へのご褒美」消費に関する企業のフレーミング活動と正当化の関係を見てきた。つぎに，「自分へのご褒美」消費のフレームがどのフレーミング戦略（Snow, at al., 1986）に該当するかについて検討する。スノー他のフレーム調整過程を参考に解釈的分析を行った結果，各業界で支配的であったフレームは，それぞれがフレーム調整過程の4タイプのいずれかと適合することが明らかとなった。

第1に，「『がんばった証』として」フレームは，スノー他のフレーム拡大化と一致する。フレーム拡大化は既存の価値観の活性化をともなうが，デ・ビアスは「がんばり」や「努力」など，日本社会に根差していた価値観を活性化させて「自分へのご褒美」に関するフレームを創造した。「『がんばった

---

[15] 森永製菓㈱，プレスリリース，2005年10月17日。

証』として」フレームは日本社会で美徳とされていた「努力」や「がんばり」などの価値観と共鳴し，「自分へのご褒美」に対する批判的見解を弱める作用をもたらしたといえよう。ベンフォードとスノー（Benford and Snow, 2000）によれば，フレーム拡大化は文化の主要価値観と矛盾する運動を動員するのに適切である。「自分へのご褒美」といった自己称賛型行為が日本の文化的価値観と相容れていなかったことを考えると，「自分へのご褒美」消費に消費者を動員する上でフレーム拡大化の効果が高かったことがうかがえる。

　第2に，「『クリスマスギフト』として」フレームは，フレーム拡張化と一致する。フレーム拡張化では，フレームを当初の関心から拡張して潜在的採用者・支持者にとって重要な関心事を包含させる。「自分へのご褒美」に対するフレームも，社会の批判的見解を弱めるといった初期の関心を包含したものから，より多くの潜在的採用者（消費者）と潜在的普及者（メーカーなどの商品供給者）にとって関連のあるフレームへと拡張したといえる。たとえば，当初の「自分へのご褒美」の採用者はOLであったが，クリスマスショッピングは若い女性以外の人々も行うため，より幅広い消費者層が「自分へのご褒美」のターゲットとなった。また，「自分へのご褒美」の対象品がギフト関連すべてとなったため，宝飾品以外の商品展開を可能にした。すなわち，「『クリスマスギフト』として」フレームの創造によって，より多くの消費者ならびに商品供給者を「自分へのご褒美」消費に巻き込むことができたのである。

　第3に，「『癒し』として」フレームは，フレーム連結化と一致する。フレーム連結化は，イデオロギー的には適合するものの構造的につながっていないフレームをつなぐプロセスである。「自分へのご褒美」と「癒し」は両方とも「セルフ・ギフト」（自己贈与）の動機であり（Mick and DeMoss, 1990），自分自身に向けた行為という面で関連している。

　最後に，「『日常の小さなご褒美』として」フレームは，フレーム変換化と一致する。フレーム変換化は古い意味を変更し，新しい意味を創出する。「自分へのご褒美」も「『日常の小さなご褒美』として」のフレーム創造を通じて，クリスマスなど年に一度の特別な行為といった当初の意味から日常的でカジュアルな行為といった新しい意味へと変換された。

さて,「自分へのご褒美」消費におけるフレーム調整過程がユニークなのは,それがさまざまな業界を含んだ社会レベルで起こり,また4タイプのすべてが活用されていたという点である。スノー他の研究では,フレーム調整過程はある特定の社会運動団体の活動として見なされており,複数の団体の関与については議論されていない。また,4つのフレーム調整過程はタイポロジーとして捉えられており,ひとつの団体によって全てのタイプが活用されることは想定されていない。ところが「自分へのご褒美」消費においては,フレーム調整過程は複数の企業ならびに複数の業界を含んだ社会レベルで行われ,さらには4タイプのすべてが活用されていた。つぎに,このことについて検討する。

6. 社会レベルでの集団的活動としての「自分へのご褒美」消費の正当化

業界内の「フレーミング模倣」

宝飾品業界,百貨店業界,そして食品・飲料業界は,それぞれが「自分へのご褒美」に関するフレームを展開したが,どれも1社のみで展開したわけではない。業界内で競合関係にある複数企業の関与で,フレーミング活動が行われたのである。このことについて説明する。

宝飾品業界で支配的フレームであった「『がんばった証』として」フレームは,表4-19によると,最初に使用したのはデ・ビアスである。デ・ビア

表4-19 「『がんばった証』として」フレームを展開した宝飾品企業と回数(各年別)

宝飾品企業(ブランド名)	1994	1995	1996	1997	1998	1999	2000	2001	2002	2003	2004	2005	2006	2007	2008	2009	小計
デ・ビアス	6	8	0	0	0	0	2	0	0	0	0	0	0	0	0	0	16
プラチナ・ギルド・インターナショナル	0	0	0	0	0	0	0	0	0	1	3	0	0	0	1	0	0	5
4℃	0	0	0	0	0	0	0	0	0	0	0	2	0	1	0	1	4
サマンサティアラ	0	0	0	0	0	0	0	0	0	0	0	1	2	0	0	0	3
アガット	0	0	0	0	0	0	0	0	1	0	1	0	0	0	0	0	2
インディ	0	0	0	0	0	0	1	0	0	0	0	0	0	0	0	0	1
カルティエ	0	0	0	1	0	0	0	0	0	0	0	0	0	0	0	0	1
フェンディ	0	0	0	0	0	0	0	0	0	0	0	0	1	0	0	0	1
シチズン	0	0	0	0	0	0	0	0	0	0	0	1	0	0	0	0	1

第Ⅱ部　実証研究:「自分へのご褒美」消費の普及

スは1994年と95年の2年間に集中的にこのフレームを使用したが，その後は99年に2回使用したのみである。いいかえるならば，デ・ビアスが「『がんばった証』として」フレームを維持したわけではない。むしろ，デ・ビアスの競合が「『がんばった証』として」フレームを模倣したことで，「『がんばった証』として」フレームが維持されたのである。競合の活動を時系列的に追うと，94年・95年にデ・ビアスが「『がんばった証』として」フレームを創造すると，97年にカルティエが模倣し，その後，99年に再度デ・ビアスが展開し，そして2001年以降はプラチナ・ギルド・インターナショナルや4℃を中心に，多数の企業が模倣したのである。本書では，この企業間でのフレームの模倣活動を「フレーミング模倣」と呼ぶ。

百貨店業界による「『クリスマスギフト』として」のフレーミング活動は，

表4-20　「『クリスマスギフト』として」フレームを展開した百貨店と回数（各年別）

百貨店 (百貨店グループ)	1992	1993	1994	1995	1996	1997	1998	1999	2000	2001	2002	2003	2004	2005	2006	2007	2008	2009	小計
小田急百貨店 新宿店	1	0	0	0	0	0	1	0	1	0	3	2	2	1	2	0	2	1	16
京王百貨店 新宿店	0	0	0	0	0	0	0	0	0	0	1	1	1	2	1	0	1	1	8
小田急百貨店 町田店	0	0	0	0	0	0	0	0	0	0	1	1	1	1	2	0	1	1	8
日本橋三越本店	0	0	0	0	0	0	0	1	1	1	1	1	0	1	0	1	0	0	7
東武百貨店 池袋店	0	0	0	0	0	0	0	0	0	0	2	2	0	1	0	2	0	0	7
伊勢丹 新宿店	0	0	0	0	0	0	0	0	0	0	1	0	2	0	0	2	1	0	6
大丸東京店	0	0	0	0	0	0	0	0	0	0	0	1	1	1	1	0	0	0	4
銀座三越	0	0	0	0	0	0	0	0	0	0	0	1	0	0	0	1	2	0	4
吉祥寺近鉄	0	0	0	0	0	1	0	1	1	0	0	0	0	0	0	0	0	0	3
そごう横浜店	0	0	0	0	0	0	0	0	1	0	0	0	0	0	0	0	1	1	3
プランタン銀座	0	0	0	0	0	0	0	0	0	0	0	0	1	0	0	0	1	1	3
東急百貨店 東横店	0	0	0	0	0	0	0	0	0	0	0	0	1	1	1	0	0	0	3
新宿タカシマヤ	0	0	0	0	0	1	0	0	0	0	0	0	1	0	0	0	0	0	2
横浜タカシマヤ	0	0	0	0	0	1	1	0	0	0	0	0	0	0	0	0	0	0	2
有楽町西武	0	0	0	0	0	0	0	0	0	0	0	0	2	0	0	0	0	0	2
西武池袋本店	0	0	0	0	0	0	0	0	0	0	0	0	0	0	1	0	1	0	2
恵比寿ガーデンプレイス	0	0	0	0	0	0	0	0	0	0	0	0	0	0	0	0	0	1	1
日本橋タカシマヤ	0	0	0	0	0	0	0	0	0	0	1	0	0	0	0	0	0	0	1
東急百貨店 吉祥寺店	0	0	0	0	0	0	0	0	0	0	0	0	0	0	0	0	0	1	1
松屋	0	0	0	0	0	0	0	0	0	0	0	0	0	0	0	1	0	0	1
東急百貨店 渋谷本店	0	0	0	0	0	0	0	0	0	0	0	0	0	0	1	0	0	0	1
三越	0	0	0	0	0	0	0	0	0	0	0	0	0	0	0	0	0	0	

第 4 章　企業によるコミュニケーション・メッセージの分析

宝飾品業界による「『がんばった証』として」のフレーミング活動とは若干，異なった様相を見せた。表 4–20 によれば，最初に「『クリスマスギフト』として」フレームを使用した小田急百貨店新宿店は，1998 年以降，ほぼ毎年のように使用している。デ・ビアスと違い，フレームの創造者である小田急百貨店新宿店が「『クリスマスギフト』として」フレームの維持を行っている。とはいえ，98 年以降，多数の百貨店が「『クリスマスギフト』として」フレームを展開しており，やはり業界内でフレーミング模倣が起きていたことが観察される。

　食品・飲料業界による「『日常の小さなご褒美』として」と「『癒し』として」のフレーミング活動も同様のことがいえる。表 4–21 を見ると，2004 年に「『日常の小さなご褒美』として」フレームを展開していた企業と 09 年に展開していた企業がまったく異なる。04 年に「『日常の小さなご褒美』として」フレームを創造した日本ミルクコミュニティ，敷島製パン，コカ・コーラシステム，キリンビバレッジは，09 年には使用していない。そして，04 年に「『日常の小さなご褒美』として」フレームを使用していたのは 4 社

表 4–21　「『日常の小さなご褒美』として」フレームを展開した食品・飲料メーカーと回数（各年別）

食品・飲料メーカー	2004	2005	2006	2007	2008	2009	小計
ロッテ	0	0	0	0	3	0	3
森永製菓	0	2	0	1	0	0	3
モンテール	0	1	0	0	0	1	2
敷島製パン	1	1	0	0	0	0	2
サントリー	0	0	0	0	1	1	2
アサヒ飲料	0	0	0	0	0	2	2
コカ・コーラシステム	1	0	0	0	1	0	2
日本ミルクコミュニティ	2	0	0	0	0	0	2
明治製菓	0	0	0	1	0	0	1
ネスレ日本	0	0	0	0	0	1	1
サッポロビール	0	0	0	0	0	1	1
ポッカ	0	0	0	0	0	1	1
キーコーヒー	0	0	0	0	0	1	1
キリンビバレッジ	1	0	0	0	0	0	1
トンボ飲料	0	0	0	1	0	0	1

表 4-22 「『癒し』として」フレームを展開した食品・飲料メーカーと回数（各年別）

食品・飲料メーカー	2004	2005	2006	2007	2008	2009	小計
日本ミルクコミュニティ	2	1	2	3	2	7	17
コカ・コーラシステム	1	0	0	0	1	0	2
ロッテ	0	0	0	0	1	0	1
モンテール	0	1	0	0	0	0	1
森永製菓	0	0	0	1	0	0	1
アサヒ飲料	0	0	0	0	0	1	1

だったのが，05 年には追加 2 社，06 年追加 0 社，07 年追加 3 社，08 年追加 2 社，09 年追加 4 社と，フレーミング模倣がほぼ毎年行われていたことが確認できる。「『癒し』として」フレームの場合は，「『クリスマスギフト』として」フレームの状況と似ており，最初に使用した日本ミルクコミュニティが 04～09 年にかけて毎年使用している（表 4-22）。しかし，同時にモンテール・森永製菓・ロッテ・アサヒ飲料㈱など多数の競合が「『癒し』として」のフレーミング模倣を行っていることも確認できる。

以上のことから解釈できるのは，ある業界で支配的となったフレームは，その業界内の競争活動の成果でもあるということである。

「業界間のフレーミング・コンテスト」

さらに，「自分へのご褒美」消費の普及には複数の業界がかかわっていたが，ある業界で展開されたフレームは，別の業界でも展開（表 4-23）あるいは反論されてた。これは，「業界間のフレーミング・コンテスト」（Kaplan, 2008）と解釈することができる。

表 4-23 に 3 つの業界で特定されたフレームを一覧にし，そしてそれらフレームが展開されていた業界を確認した。ある業界で展開されていたフレームは，別の業界の関心とも共鳴する場合，それは両方の業界で展開されていた。複数の業界で展開されていたフレームは，やがて社会全体で共有される集合行為フレームとなり，より多くの消費者の動員につながったと考えられる。この一例は，「『がんばった証』として」フレームである。「『がんばった証』として」フレームは，宝飾品業界，百貨店業界，食品・飲料業界のいず

第4章　企業によるコミュニケーション・メッセージの分析

表4-23　宝飾品業界，百貨店業界，食品・飲料業界で展開された
　　　　「自分へのご褒美」に対するフレーム

フレーム	宝飾品業界	百貨店業界	食品・飲料業界
「がんばった証」として	○	○	○
「クリスマスギフト」として	○	○	○
幸せになるため	○	○	○
いい女になるため	○	○	−
これから先もがんばるため	○	○	−
記念日のギフトとして	○	○	−
「バレンタインギフト」として	−	○	○
「日常の小さなご褒美」として	−	−	○
「癒し」として	−	○	○

れにおいても展開されていた（表4-23）。これは集合行為フレームとなり，多くの消費者の「自分へのご褒美」消費に対する理解となったようである。このことを裏づけるのが，2005年頃に「自分へのご褒美」消費が社会に定着していることを報じた記事報道である。2005年12月15日付の『読売新聞』（夕刊）は，「自分へのご褒美」消費に関してつぎのように報じている。

　年末になると，あちらこちらで耳にするのが，「自分へのご褒美」という言葉。特にボーナス時期には，**1年間仕事を頑張った女性たちにとって，このキーワードが普段より高価な買い物をする際の強い動機付けにもなっているようだ。**
　かつて「自分で自分を褒めてあげたい」と言って話題になったのは，マラソン選手の有森裕子さん。以来，頑張った自分に"ご褒美"を買う女性は増えた。(p.11)

この記事では，多くの女性が「1年間仕事を頑張った」際にご褒美を購入すると伝えており，彼女らが「自分へのご褒美」消費を「『がんばった証』として」の行為であると解釈していることを示唆している。

図4-1に「業界間のフレーミング・コンテスト」モデルを提示した。以下，その内容を説明する。

第Ⅱ部　実証研究:「自分へのご褒美」消費の普及

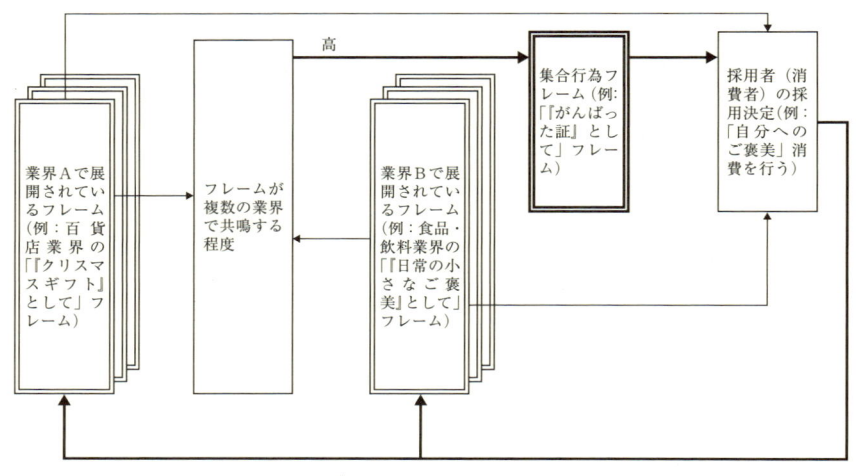

図4-1　「業界間のフレーミング・コンテスト」モデル

注:フレームは二重枠で示されている＊。ひとつの二重枠の箱は，ひとつのフレームを表している。また矢印の太さは，影響力の強弱を表している。そして，このモデルでは業界AとBの2つのみを提示しているが，さらに複数の業界が関与することもある。

＊これは，ギャムソン他（Gamson, Fireman, and Rytina, 1982; Gamson and Lasch, 1983 など）のフレームの説明である「窓枠」（window frame）や「額縁」（picture frame）からイメージしている。窓と同様に，我々はフレームを通じて世の中を見ており，それは我々の見方を定めている（Creed et al., 2002a）。

出所:Kaplan（2008），図1, p.736 を参考に，筆者作成。

　モデルの説明を行う上で，「自分へのご褒美」消費の事例を参照しつつ，各業界に複数の「自分へのご褒美」消費に対するフレームが存在しているところから始める。これらフレームは，各業界の「自分へのご褒美」消費に対する解釈スキーマであると理解できる（Goffman, 1974）。ある業界で展開されているフレームと別の業界で展開されているフレームが共鳴する程度が高い場合，それは社会全体で共有される集合行為フレームとなり，消費者の採用決定（すなわち，「自分へのご褒美」消費を行うということ）を支援する。

　モデルに明示的に示されてはいないが，ある業界で展開されているフレームが，別の業界が望む方向性と一致しない場合，その業界特有のフレームが創造される。その一例は，百貨店業界の「『クリスマスギフト』として」フレームと食品・飲料業界であろう。食品・飲料業界は，「自分へのご褒美」消費に対して「年に一度の特別な消費」というよりは，「日常の中での

110

第4章　企業によるコミュニケーション・メッセージの分析

ちょっとした特別な消費」という意味を与えて，消費者の「自分へのご褒美」消費頻度を上げることを望んでいたと思われる。食品・飲料業界は「自分へのご褒美」商品を主にコンビニエンスストアで展開していたが，コンビニエンスストア販売は高い回転率の維持を必要とする。それは，より多くの消費者を巻き込むと同時に，一人あたりの購入回数を上げる必要があることを意味する。このため，食品・飲料業界は「自分へのご褒美」消費の機会を増やして推奨することの必要性を感じていたことが推察される。そのような中，「『日常の小さなご褒美』として」フレームが創造されたのではないだろうか。そして，百貨店業界と食品・飲料業界はそれぞれがその業界特有のフレームを展開するようになるのである。

また，採用者（消費者）の採用決定は，各業界が創造・展開するフレームに影響を与える。フレームの創造・展開はフレーム調整過程を通じて行われるが，それは企業の活動・目標と潜在的採用者の関心・価値・信念を一致させて相補的にする過程であるためである（Snow, et al., 1986）。

最後に，「業界間のフレーミング・コンテスト」モデルでは，フレームが集合行為フレームにならなくても，潜在的採用者（消費者）の採用決定に影響を与えうることを示している。たとえば，食品・飲料業界の「『日常の小さなご褒美』として」フレームはほかの業界では展開されていないが（表4-23），「『日常の小さなご褒美』として」フレームを活用した数多くの新商品が2003年以降に発売され，消費者の支持を集めていた（第3章を参照）。「業界間のフレーミング・コンテスト」は，業界間のやりとりを描いているが，各業界のフレーミング活動のターゲットはあくまでも消費者である。業界間に「自分へのご褒美」消費をめぐる利害関係が必ずしもあるわけではない。したがって，各業界はフレーム調整過程を潜在的採用者の関心・価値・信念と一致させるために行っており，お互いのフレームを一致させるために行っているわけではないのである。これがカプランの「フレーミング・コンテスト」モデルと大きく異なる点である。カプランのモデルでは，組織の戦略策定における支持者と反対者の間で行われるフレーミング活動を捉えているため，ひとつの支配的フレームが創造されてはじめて決定に至るというモデルになっている。とはいえ，ひとつの支配的フレーム（社会全体で共有さ

れる集合行為フレーム）の方が潜在的消費者に対する効果が大きいであろうことは本モデルでも想定している。

7. まとめ

　本章では，「自分へのご褒美」消費を訴求した企業のコミュニケーション活動をとりあげ，中でも宝飾品業界，百貨店業界，食品・飲料業界の広告ならびにプレスリリースの内容分析を行った。この分析による発見事項は，つぎのように整理できる。

　まず，企業は「自分へのご褒美」消費を普及させるために，フレーミング活動を行っていたことが確認された。宝飾品業界，百貨店業界，食品・飲料業界のそれぞれで，複数のフレームが「自分へのご褒美」消費に対して創造・展開されていたが，業界で支配的となったフレームも存在していた。これら支配的フレームを通じて，「自分へのご褒美」消費は道徳的正当性・実践的正当性・認知的正当性（正当性の3類型；Suchman, 1995）のいずれかを獲得し，正当化されていったことが示唆された。

　つぎに，コミュニケーション活動のターゲットについてだが，「自分へのご褒美」を訴求するコミュニケーション活動では，初めはひとつのセグメント（OL）がターゲットだったが，やがて複数のセグメント（主婦や男性など）へと拡張されていたことが確認できた。正当性が「一般的な認知」であり，社会全体によって「望ましい・真っ当である・適切である」（Suchman, 1995）とされなければならないことを考慮すると，複数のセグメントに訴求することの重要性がうかがえる。ただし，コミュニケーション・ターゲットを拡張する上では，タイミングにも気を付けなければならないであろう。「自分へのご褒美」消費のコミュニケーション活動においては，企業はまずOLセグメントに向けてフレーミング活動を行い，OLセグメントで「自分へのご褒美」消費があたり前になった辺りから，他セグメントに向けたフレーミング活動を行っていた。正当化に向けては，フレーミング活動の内容・ターゲット・タイミングを整合させることが重要と思われる。

　そして，各業界で支配的だったフレームに対してスノー他のフレーム調整

過程を参考に解釈的分析を行ったところ，それぞれがフレーム調整過程の4タイプのいずれかと適合した。これは，イノベーションの普及においてもフレーム調整過程が活用できることを示しているといえよう。

　最後に，「自分へのご褒美」消費訴求のフレーミング活動では，複数企業・複数業界がかかわっていたことが確認された。フレーム展開と維持には複数の企業が関与しており，各業界の支配的フレームは，その業界内の競争活動（「フレーミング模倣」）の成果でもあった。さらには，ある業界で展開されたフレームは，別の業界でも展開あるいは反論されていることが見受けられた（「業界間のフレーミング・コンテスト」）。以上のことが示唆しているのは，イノベーションの正当化プロセスが社会レベルで起こる集団的活動であるということである。

　つぎの第5章では，以上の発見事項をさらに拡張していくために，イノベーション普及に影響を与える別の要素であるコミュニケーション・チャネル（メディア）の活動を検討する。

第5章 メディアによるコミュニケーション・メッセージの分析

1. はじめに

　第4章では,「自分へのご褒美」消費の普及における企業のマーケティング活動（とりわけ,コミュニケーション活動）についてとりあげた。本章では,「自分へのご褒美」消費の普及に対するメディアの影響について考察する。通常,イノベーション普及論では,コミュニケーション・チャネルはメッセージが受け手に伝わっていく経路と定義され（Rogers, 2003）,メディアは情報を集約・取捨選択し,そしてそれを共有されるべき情報として集団に配布する存在として捉えられている（McCracken, 1986; Thompson and Haytko, 1997）。しかし,本書では,メディアを情報の配布者ではなく,意味の創造者であると捉える（鈴木, 2013）。そして,企業と同様に,メディアが「自分へのご褒美」消費に対するフレームを創造・展開し,「自分へのご褒美」消費を正当化し,普及させていったと考える。

　さまざまなマスメディア・コミュニケーションの中でも,本書では雑誌（特に女性誌）に着目する。女性誌に焦点をあてたのには2つの理由がある。第1に,女性誌が「自分へのご褒美」消費の情報発信源であったと捉えられていたためである（第3章を参照）。第2の理由としては,雑誌は日本人女性に対する影響が非常に強いといわれているためである（小澤他, 2005；熊

谷，2003）。各雑誌は性別・年齢・趣味などで差別化され，それぞれがターゲットとしているセグメントの考えや行動を形づくっている（Clammer, 1997）。エッセイスト松原惇子は，著書『クロワッサン症候群』（1988）で「雑誌が生き方を提示するとき，それは宗教以上に大きな力となって，人の心に入り込む」と述べている（p.14）。

本章では，メディアによる「自分へのご褒美」消費に対するフレーミング活動と正当化プロセスを明らかにするために，2つのことを行う。まず，「自分へのご褒美」消費を訴求した女性誌のコミュニケーション・メッセージを分析し，女性誌がどのようなフレームをどのように創造・展開したかを明らかにする。そして，第4章と同様に，女性誌がフレーミング活動を通じて，どのように「自分へのご褒美」消費を正当化していったかを考察する。

本章の構成はつぎの通りである。第2節では，本調査の概要について説明する。女性誌記事の内容分析に入る前に，まず第3節で，「自分へのご褒美」消費に関する雑誌記事（女性誌だけでなく雑誌全般）の発生および発展について確認する。第4節では，「自分へのご褒美」消費に関する雑誌記事の特徴と類型化を提示する。第5節で，女性誌に焦点をあて，女性誌が創造・展開した「自分へのご褒美」消費に対するフレームならびに女性誌のフレーミング活動を説明する。そして，第6節で，女性誌のフレーミング活動と「自分へのご褒美」消費の正当化の関係について考察する。そして最後に，発見事項をまとめる。

2. 調査概要

本章の分析で活用するデータは，雑誌記事索引検索「Web OYA-bunko」[1]を活用して収集されたものである。「ご褒美（ほうび）」という言葉を記事タイトルに含む雑誌記事の情報を収集したところ[2]，1987〜2009年にかけて

---

[1] 雑誌専門図書館「大宅壮一文庫」が所蔵する雑誌の記事データベースである。週刊誌，総合月刊誌，女性誌，スポーツ誌，芸能誌など1,200種類の雑誌の記事を検索できる（記事収録期間：1988年〜）。
[2] 「自分へのご褒美」「自分へご褒美」「自分にご褒美」というというフレーズで検索をしたところ，

1,000件の記事が特定された[3]。まずは，この1,000件を活用して，「自分へのご褒美」消費に関する雑誌記事の推移や特徴を把握する作業を行う。

つぎに，「自分へのご褒美」消費を訴求した女性誌のコミュニケーション・メッセージを分析するためのデータを抽出した。まず，1,000件の中からJMPAマガジンデータの雑誌分類を活用して602件の女性誌記事を特定した。602件の記事にアドバトリアル（記事体広告）は含めなかった。アドバトリアルは企業広告であり，雑誌によるコミュニケーションではないためである。この602件を精査したところ，「聖と俗」の二項対立が浮かび上がり（Jakobson and Halle, 1956; Saussure, 1959），「神聖な消費」としての「自分へのご褒美」消費と「世俗的な消費」としての「自分へのご褒美」消費の2つのフレームが特定された（詳細については第5節で説明する）。女性誌がいかに「自分へのご褒美」消費に対して「神聖な消費」と「世俗的な消費」のフレームを創造・展開したかを明らかにするために，本章では雑誌記事のクロース・リーディング（close reading）を行い，解釈的分析（Hirschman, 1990; Zhao and Belk, 2008）を行うが，この分析に向けて，602件からさらに60件の女性誌記事を選択した。「自分へのご褒美」消費を「神聖な消費」または「世俗的な消費」と表現しているものをそれぞれ30件ずつ選択した（表5-1・表5-2に，記事タイトル・掲載雑誌・掲載年月日・掲載ページ・「自分へのご褒美」消費の対象品を一覧にした）。この60件は女性誌を代表するものではない。あくまでも，女性誌によるフレームの創造・展開を明らかにする上で，リッチな情報がどれだけ含まれているかといったことを基準に選択された[4]（Leeuwen, 2001; Mick and Oswald, 2006; Rose, 2007）。

雑誌記事の解釈は，「聖と俗」の理論（Belk, Wallendorf, and Sherry, 1989など）にもとづく。「聖と俗」の理解のもとに記事のクロース・リーディングを行い，女性誌がどのようにして「自分へのご褒美」消費に対して「神聖

ヒット数が少なかったため（数十件程度であった），「ご褒美」という言葉を記事タイトルに含む雑誌記事の情報を収集した。
3 正確には1001本特定されたが，1本は企業PRの記事であったため，分析対象から除いた。
4 このような合目的的に選定されたサンプルから得た結論を一般化することには限界があるため，本研究が探索的なもの（Wells, 1993）であることを改めて強調する。しかし，これまでの研究においても，同様の手続きがとられているものが存在する（Mick, et al., 2004; Sherry and Camargo, 1987; Thompson, 2004; Williamson, 1978; Zhao and Belk, 2008）。

第Ⅱ部　実証研究:「自分へのご褒美」消費の普及

表 5-1　「自分へのご褒美」消費を神聖な消費として表現した女性雑誌記事 30 件

	記事タイトル	雑誌名	年	月・日	頁	「自分へのご褒美」消費の対象品
1	頑張った自分にごほうび ボーナスで買いたい価値ある本物厳選 80	MORE	1990	1月	75-87	高級ブランド品、宝飾品、腕時計
2	私へのごほうび 3つめの指輪	LEE	1990	3月	177-181	宝飾品
3	愛のメモリー私だけの指輪 りえちゃんとプレゼントし合った記念のプチダイヤは、自分たちへのごほうび	non no	1993	4月20日	112	宝飾品
4	1年に1度のぜいたくなごほうび。クリスマス欲しいものコレクション！	Hanako	1996	11月28日	8-43	高級ブランド品、バッグ、靴、宝飾品、腕時計、家具、小物
5	PRESENT FOR ME 自分へのごほうびに選ぶ、この一品	ef	1996	12月	78-87	宝飾品、腕時計、高級ブランド品
6	クリスマス時期だから、自分の欲望に素直になって、自分にごほうびあげよう。いま欲しいのはどれ！	Hanako	1997	11月26日	8-39	高級ブランド品、靴、バッグ、宝飾品、腕時計、香水、小物
7	1年がんばった自分にごほうび！ ダイヤ、宝石、パール etc. ときめきジュエリー大図鑑 239	MORE	1998	1月	168-183	宝飾品
8	1年間頑張った自分へ贈るごほうびこの逸品	ef	1998	1月	105-119	宝飾品、腕時計
9	ストレスがすーっと解けていく 心と体を癒す全12章 第9章 がんばった自分へのご褒美は疲れた心を励ましてくれる 宮内彩子さん	ef	1998	1月	84	―
10	頑張った証しに贈りたい自分へのごほうび jewellery and watch	ef	1998	7月	68-77	宝飾品、腕時計
11	欲しいものがあふれる X'mas シーズン。今年もがんばった自分にごほうび！！	Hanako	1998	11月25日	8-35,124-135	高級ブランド品、腕時計、小物、宝飾品、レストラン
12	お気に入り小物はボーナス＆クリスマスで手に入れる	ef	1998	12月	125-133	宝飾品、腕時計
13	今こそ、ワンランク上のお買物カタログ① 「ごほうびバッグ」と「ごほうび靴」130 憧れブランド、旬デザインはボーナスで GET	MORE	1999		42-51	バッグ、靴
14	1年のごほうびに自分へ贈る ジュエリー＆ウォッチ	ef	1999		104-113	宝飾品、腕時計
15	ココロとカラダ 癒しのヒント ②しあわせな瞬間を約束する快楽主義的「ご褒美サロン」	CREA	1999	2月	98-102	エステ
16	99 夏、WATCH スペシャル 120	ef	1999	7月	101-116	腕時計
17	古代東子の幸せのエッセンス 自分へのごほうびって、次へのランクアップするための大切な準備材料かな	ef	1999	8月	45	―
18	今すぐチェック！人気ブランドの「ジュエリー＆時計」最新カタログ ブランド別・ベストバイ図鑑 がんばった私への「ごほうび時計」	with	1999	12月	245-252	腕時計
19	「ごほうび」指輪図鑑 "自分に贈る""贈られる" なら一生身につけられる本物がイイね	non no	1999	12月20日	63-68	宝飾品
20	愛する彼から私へ がんばった私から私へ ごほうびジュエリー大図鑑	MORE	2000	1月	162-179	宝飾品
21	ほんとうに欲しいもの教えます！ 1年間がんばったごほうびに何を買う？	ef	2000	1月	113-120	高級ブランド品、宝飾品、腕時計、小物
22	とっておきの時間に輝くごほうび	ef	2000	1月	147-153	宝飾品、腕時計
23	1年間お疲れさま。2000 年もまたがんばる"わたし"にごほうび 疲れたわたしに！OL リラクセーション News	JJ	2000	2月	239-241	エステ
24	自分へのごほうびに watch&jewelry	ef	2000		126-133	宝飾品、腕時計
25	夏のごほうび小物はホワイトマトリックス	ef	2000	7月	139-141	宝飾品
26	女ひとりで入りたい店、見つけた！ 東京の、新発想のカフェ、自分にご褒美でいきたいレストラン＆バー	日経 WOMAN	2000	10月	154-159	レストラン
27	自分へごほうび ②21世紀の香り つけている自分が一番うれしい！香りのよろこび	COSMO-POLITAN	2000	11月	48-49	香水
28	自分へのごほうび 働く私をキレイに見せるブランド手帳が欲しい！	COSMO-POLITAN	2000	12月	78-83	高級ブランド品
29	今すぐチェック！ 人気ブランドの「時計＆ジュエリー」最新カタログ 2000 20世紀の記念に欲しい！自分にごほうび「ステディ時計」	with	2000		223-230	腕時計
30	年に1度の自分に贈るプレゼント 年に1度のごほうびに、極上エステの快楽を	croissant	2000	12月10日	24-27	エステ

第 5 章　メディアによるコミュニケーション・メッセージの分析

表 5-2　「自分へのご褒美」消費を世俗的な消費として表現した女性雑誌記事 30 件

	記事タイトル	雑誌名	年	月・日	頁	「自分へのご褒美」消費の対象品
1	女性のための素敵な HOTEL プラン 友だちと行く 1 泊ごほうび	ef	2004	3 月	146-149	ホテル
2	プチ贅沢 ちょっと高いけれど効果は大！キレイのための"自分へご褒美"	an an	2004	3 月 10 日	96-99	化粧品, エステ
3	ジュエリー・皮小物・クリスマスコフレ……。1 年の最後は自分にごほうび ハッピー気分で胸ときめく！ブランド小物	LEE	2005	12 月	44-55,57,59	宝飾品, 高級ブランド品, 化粧品
4	自分にご褒美？彼氏におねだり！ 3 回 ぬいぐるみを卒業した人に、大人の"かわいい"動物オブジェ	Hanako	2006	2 月 23 日	91	動物オブジェ
5	自分にご褒美？彼氏におねだり！ 4 回 朝から晩まで香しい。カラフルなエスプレッソマシン	Hanako	2006	3 月 9 日	13	エスプレッソマシン
6	自分にご褒美？彼氏におねだり！ 7 回 気分に合わせて選ぶ、ホッとひと息はマイ・マグカップで	Hanako	2006	4 月 27 日	51	マグカップ
7	OZmall「5800 円のごほうびリラクゼーション」× OZ magazine コラボ企画 私だけの癒されサロンの休日を	OZmagazine	2006	5 月 8 日	83-93	エステ
8	恋するカラダ 自分に最高のごほうびをあげよう！ GW ゴージャスケアで美人革命	an an	2006	5 月 10 日	46-47	エステ
9	自分にごほうび。大切なあの人から。女のコのいちばん好きなモノ。それは…… ラブ・ダイヤモンド 2006	with	2006	6 月	240-245	宝飾品
10	休日のご褒美ランチ	OZmagazine	2006	9 月 4 日	22-61	ランチ
11	「朝時間」はじめませんか？ 朝環境 起きた自分へのごほうびはおいしい朝のカフェタイム モーニングスイーツ	OZmagazine	2007	5 月 21 日	54	スイーツ
12	生まれ変わった六本木へ 東京ミッドタウン ここでしか味わえないオンリースイーツ & フードで優雅に過ごすごほうびカフェ	OZmagazine	2007	6 月 25 日	38-39	カフェ
13	夏のごほうび図鑑 憧れブランドで狙う？ 10 万円以下で探す？ おしゃれを格上に見せる夏の本命ジュエリー 98	MORE	2007	7 月	260-269	宝飾品
14	「セレブな気分」が人気の秘密「ごほうび朝食」、ホテルでいかが？	JJ	2007	10 月	282-285	朝食
15	もっと素敵な私になれる！ ひとめぼれジュエリー（ハートマーク）BOOK	non no	2007	12 月 5 日	95-102, 111-118	宝飾品
16	こんなに使える！「1 万円」の楽しみ方 たまには自分へのご褒美に、心の贅沢を	ゆうゆう	2008	3 月	162-167	—
17	私たち、僕たちの恵比寿・代官山・中目黒で見つけた、知る人ぞ知る "ご褒美" サロン	Hanako	2008	4 月 24 日	70-73	エステ
18	ごほうび図鑑 憧れハイブランドの最新からアンダー 5 万円の旬デザインまで！ おしゃれを格上げ！夏の極上ジュエリー 138	MORE	2008	7 月	264-273	宝飾品
19	Lifestyle 夏のシャンパンにぴったりの本・音楽・映画を教えてください 上原ひろみ音楽をツマミに野外でシャンパン。これが自分へのご褒美です	marie claire	2008	7 月	180-181	アルコール飲料
20	東京 OL ソサエティ 60 回 職場でのおやつは、目的別に選び分けます	Hanako	2008	7 月 10 日	112-113	おやつ
21	最近私が買ったもの 01 長田渚左さん 夜遊びに行く靴 ショッピングは "出会い"。この靴を履く時間こそが、多忙な自分へのごほうび	croissant premium	2008	10 月	11	靴
22	疲れたときには自分にごほうび。女を上げるプチ贅沢のススメ	an an	2009	1 月 28 日	73-80	洋服, 小物, 文具品, 化粧品
23	"旬の味"を訪ねてどこまでも 美味巡礼 26 回 心と肌に極上のごほうび 美女こそ焼肉、あると思います	STORY	2009		189-193	焼肉
24	アガる！夏の新色 & 限定「ごほうびコスメ」私がもっとキレイになれますように	non no	2009	6 月 20 日	10-15	化粧品
25	がんばった私にごほうび！ 夏のルイ・ヴィトンお買い物帳	with	2009	6 月	64-67	高級ブランド品
26	あつ〜い 1 日の終わりには、お肌にごっくんごほうび 真夏の夜のシートパック	JJ	2009	10 月	163-166	化粧品

119

27	女子ラーメン部 〜女性の女性による女性のためのラーメン案内〜 13回 豪華！ごほうびラーメン	chou chou	2009	10月22日	97	ラーメン
28	植松晃士&小野綾子が行く！美・美・美探検隊 21回 夏の疲れに"先手のご褒美"大作戦！	GRAZIA	2009	11月	256-257	美容院
29	1年間頑張ったご褒美はやっぱりコレ 聖なる夜まで待てない X'mas コフレ	美STORY	2009	12月	132-135	化粧品
30	永富千晴の女を磨くコスメ・レッスン！ 38回 頑張った自分へのご褒美にクリスマスコフレできれいになるメイク、スキンケア、ボディケア……オトクなキットを厳選して紹介	日経WOMAN	2009	12月	96-97	化粧品

な消費」と「世俗的な消費」のフレームを創造・展開したかを探った。

3. 「自分へのご褒美」消費に関する雑誌記事の発生および発展

■ 「ご褒美」を訴求する記事の始まり

　最初の記事は1987年に特定された。『月刊カドカワ[5]』の11月号に掲載された「体験手記　2人でつくるハワイアン・ヒストリー　ハワイでのごほうびが待ち遠しい。ゴールする瞬間を夢見て」というタイトルの記事である。内容は，トライアスロンのハワイ大会参加に関するものであった。この記事は，トライアスロン参加の話が中心的であり，「自分へのご褒美」消費を取り扱った記事ではない。とはいえ，がんばりとご褒美を結びつけている記事であるとはいえよう。

　翌年（1988年）に3件，そして翌々年（89年）にも2件の記事が特定されたが，いずれも記事の中心的な内容は有名人のインタビューであり，「自分へのご褒美」消費を直接的には取り扱ってはいない[6]。「自分へのご褒美」

5　『月刊カドカワ』は，角川書店が出版していた文芸・音楽誌で，1983年に創刊後，98年に廃刊された。

6　1988年と89年に掲載された記事のタイトル，掲載誌，掲載月，そして備考に記されたキーワードはつぎの通りである。
　「スター7人ホットホットニュース　優勝のご褒美　大関・旭富士が7年越しの恋人・榎本淳子さんと晴れて婚約」（『週刊女性』1988年2月16日号，備考：伊勢ヶ浜正也，相撲，旭富士正也から改名，安治川正也，旭富士正也，結婚）
　「本当にガンバッタ人に神様はごほうびをくれるからまっすぐ見える勇気はなくさない」（『月刊カドカワ』1988年10月号，備考：大貫妙子，シンガーソングライター）
　「ミッキーマウスの「還暦ごほうび旅行」ソ連のアイドルもチビッ子も大歓迎！「生誕60周年」記念してモスクワにバンビや白雪姫と7人の小人ひきつれ」（『FRIDAY』1988年11月4日号，備考：ウォルト・ディズニー，映画製作者，映画監督，娯楽，趣味，アメリカ・世相，ディ

第 5 章　メディアによるコミュニケーション・メッセージの分析

消費を中心とした最初の記事は，90 年に掲載された『MORE[7]』（1 月号）の「頑張った自分にごほうび　ボーナスで買いたい価値ある本物厳選 80」であろう。この記事は，『MORE』（1 月号）の FASHION（ファッション）特集として組まれ，雑誌全体約 430 ページのうち 13 ページが割り当てられている。この特集では，冬のボーナスの使い道として，高級ブランド品のバッグや宝飾品，時計などの逸品を自分に贈ることを推奨している。同年には，ほかにも『LEE[8]』（3 月号）が「私へのごほうび　3 つめの指輪」で自分に指輪を贈ることを勧めている。

■ 「ご褒美」を訴求する記事の発展

「ご褒美」という言葉をタイトルに使用した記事は，その後，飛躍的に増えた（図 5-1）。1987 年には「ご褒美」関連の記事は 1 件だったが，94 年に 14 件，98 年に倍の 30 件となり，2003 年には 100 件を超えた。04 年にピークの 165 件を記録し，その後は低下し続け，08 年に 60 件へと衰退した。

また，「ご褒美」という言葉を記事タイトルに使用した雑誌も同様に増えた（図 5-2）。1987 年には「ご褒美」記事を掲載した雑誌は 1 誌だったが，90 年に 5 誌，97 年には倍の 10 誌，2006 年にピークの 47 誌を記録し，その後は 1 年に約 40 誌程度が「ご褒美」という言葉を記事タイトルに活用している。

具体的な雑誌名としては，1987〜2009 年の間に 151 誌が特定された[9]。ご褒美関連の記事をもっとも掲載したのは『Hanako[10]』で，同期間中，272 件

ズニーランド）
　「「最高のご褒美」へのお礼？パンチラで狂喜乱舞　木の実ナナ，細川俊之　ゴールデン・アロー賞大賞受賞」（『週刊読売』1989 年 3 月 26 日号，備考：ゴールデンアロー賞，賞，木の実ナナ，女優，歌手）
　「CLOSE UP ポルシェで猪木をつる？異種格闘技戦の豪華なご褒美」（『週刊文春』1989 年 4 月 27 日号，備考：アントニオ猪木，プロレス，政治家，金）
7　『MORE』（モア）は，集英社から刊行されている 20 代から 30 代の OL を中心とした女性向けファッション雑誌である。1977 年に創刊され，現在に至る。
8　『LEE』（リー）は，集英社から刊行されている 20 代から 40 代の女性向けファッション雑誌・生活情報誌である。1982 年に創刊され，現在に至る。
9　別冊や臨増は別の雑誌としてカウントされている。
10　『Hanako』（はなこ）は，マガジンハウスが出版する 20 代女性を主要読者とした情報系雑誌である。1988 年の創刊から 2005 年までは週刊誌であり，06 年 1 月 26 日号（867 号）以降は隔週刊誌となった。創刊後から 89 年にかけて，雑誌が対象とする読者像が時代を象徴する女性像と

第Ⅱ部　実証研究：「自分へのご褒美」消費の普及

図 5-1　「ご褒美（ほうび）」という言葉をタイトルに使用した記事数の推移

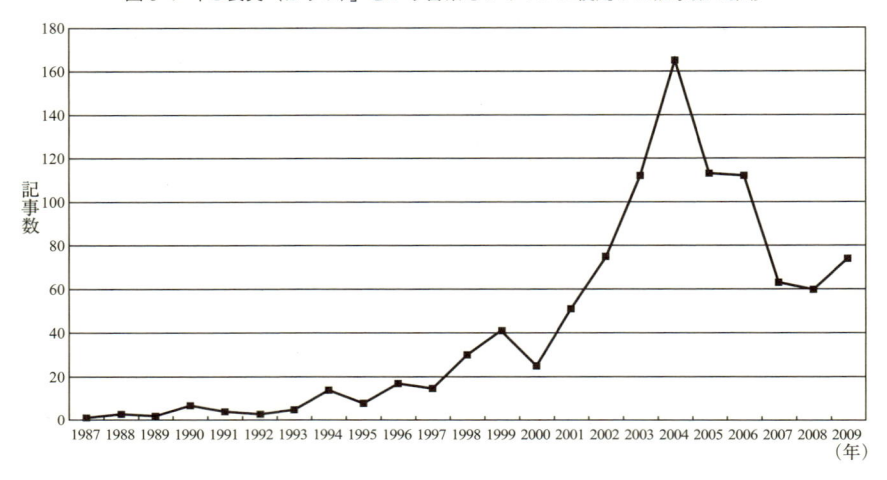

図 5-2　「ご褒美（ほうび）」という記事タイトルを活用した雑誌数の推移

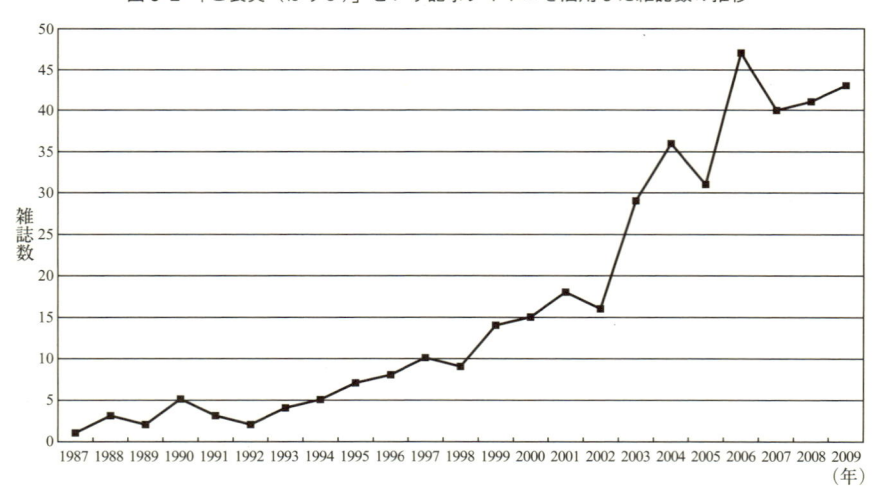

の記事を掲載している。つぎが『サンデー毎日[11]』で，135件の記事が特定された。後は『ef[12]』の37件，『COSMOPOLITAN[13]』23件，『女性自身[14]』21件，『Gainer[15]』20件と続く。151誌中19誌（全体の13%）に2桁以上の掲載があり，反対に94誌（全体の62%）は2件以下の掲載数だった。

4. 「自分へのご褒美」消費に関する雑誌記事の特徴と類型化

ご褒美記事を掲載した雑誌のジャンル（ターゲット読者の性別）

1987～2009年の間で特定されたご褒美関連の記事を掲載した151誌を，JMPAマガジンデータの雑誌分類を活用してジャンル（ターゲット読者の性別）別に分類した。雑誌ジャンルおよびカテゴリー区分一覧は，2010年8月5日更新付のものを利用した[16]。151誌のうち47誌に関する情報は，10年8月5日更新付の一覧では得られなかった。そのため，それら47誌に関しては，1誌ずつ，インターネット上で検索し，それぞれのターゲット読者の性別を特定した。結果は，151誌のうち62誌（全体の41%）が女性をターゲットとしており，58誌（全体の38%）が男性を，そして残り31誌（全体の21%）が男女両方をターゲットとしていた。

なり，『Hanako』『Hanako族』は89年の流行語大賞も受賞している。
11 『サンデー毎日』は，毎日新聞社発行の週刊誌である。1922年に週刊朝日と並んでもっとも早くに創刊され，日本の週刊誌の老舗となっている。
12 『ef』（エフ）は，主婦の友社が出版していた20代女性を主要読者としたファッション雑誌である。1984年に創刊後，2006年に休刊となった。
13 『COSMOPOLITAN』（コスモポリタン）は，1886年にアメリカで創刊された女性向けのファッション雑誌である。日本語版の『COSMOPOLITAN JAPAN』は，集英社から1979年に雑誌『MORE』の特別編集「コスモポリタン号」として発行された後，80年に創刊され，2005年に廃刊された。日本版創刊以来，長らく欧米人モデルが表紙を飾っていたが，2000年前後あたりから日本人女優が毎号表紙を飾るようになった。
14 『女性自身』は，光文社から刊行されている女性週刊誌である。1958年に創刊され，現在に至る。
15 『Gainer』（ゲイナー）は，光文社が発行する30歳前後の男性向けファッション雑誌であり，光文社発売の月刊ファッション誌では唯一の男性誌である。1990年に創刊され，現在に至る。
16 雑誌によってはジャンルを変える場合もあるため，2010年8月5日時点と記事が掲載された年とでは，雑誌のジャンルが異なる可能性がある。とはいえ，ジャンルを変える場合もカテゴリーの変更（たとえば，カルチャーからビジネスへ）が中心的であり，ターゲットとする読者層の性別を変更した例はほとんど見られなかったため，ターゲット読者の性別による分類は問題ないと考えた。

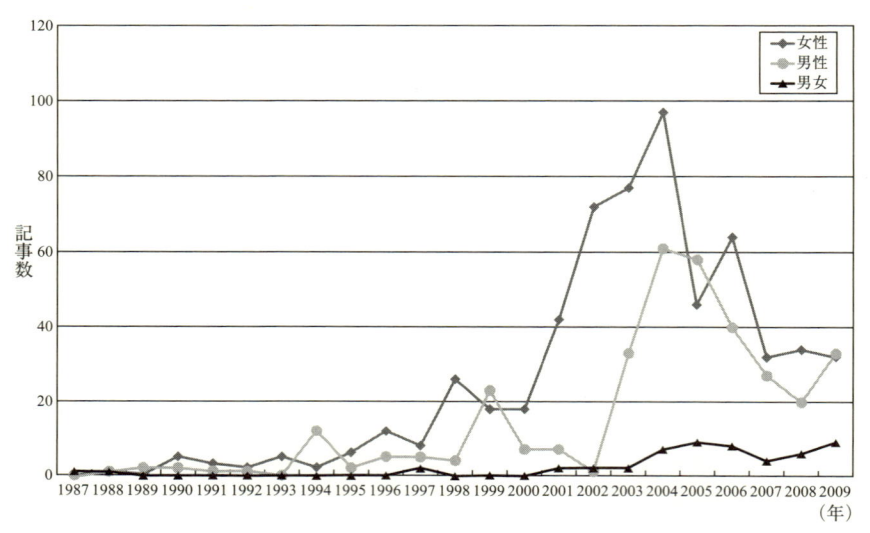

第Ⅱ部　実証研究：「自分へのご褒美」消費の普及

図 5-3　「ご褒美（ほうび）」という記事タイトルを使用した記事数の推移（ジャンル別）

雑誌のターゲット読者の性別にもとづいて，記事のターゲット読者別の数を算出したところ，1,000 件の記事のうち，602 件（全体の 60%）が女性をターゲットとしており，345 件（全体の 35%）が男性を，そして残り 53 件（全体の 5%）が男女両方をターゲットにしていた。また，ターゲット読者の性別ごとに記事数の年次推移を見たところ，女性をターゲットとした記事と男性をターゲットとした記事数の推移は似た傾向を見せた。とはいえ，女性をターゲットとした記事の動きが，男性をターゲットとしたものよりも 1 年から 2 年先行していることは特記すべきであろう（図 5-3）。

ご褒美記事の類型化

1,000 件の記事のうち，561 件（全体の 56%）には著者名があり，残り 439 件には著者名がなかった。著者名がある記事は，有名人によるエッセイであることが多かった。たとえば，おニャン子クラブ元主力メンバーの女性タレント渡辺満里奈は，「渡辺満里奈の甘露なごほうび」というタイトルの連載エッセイを『Hanako』で掲載し，さまざまなグルメを読者に紹介した。これはいわば，有名人による「自分へのご褒美」消費のエンドースメント

(推奨)であるといえよう。よって,本書ではこれらの記事を「エンドースメント型記事」と呼ぶことにする。

著者名がない439件(全体の44%)は大きく2つのタイプに分かれた。ひとつは,「自分へのご褒美」消費の特集としてさまざまなアイテムを紹介する「カタログ」的記事である。『MORE』の「頑張った自分にごほうび ボーナスで買いたい価値ある本物厳選80」(1990年1月号)もこの一例であるし,ほかには『宝島』[17]の「ボーナスで買う自分にご褒美グッズ大図鑑」(94年12月14日号)や『Hanako』の「1年に1度のぜいたくなごほうび。クリスマス欲しいものコレクション!」(96年11月28日号)などが例としてあげられる。これらの記事は,「自分へのご褒美」消費の対象となる品々を,写真などを用いて詳細に説明している。本書ではこれらの記事を「カタログ型記事」と呼ぶ。

著者名がない記事のもうひとつのタイプは,有名人の「自分へのご褒美」消費の取材である。たとえば,『女性セブン』[18]の「あゆ&Qちゃん お金かかってます! 戦利品コレクション 細腕一本でリッチガールに お宝ワードローブは自分へのごほうび!?」(2002年6月6日号)や『女性自身』の「永井大 週1のごほうびタイム 『プライベートのお楽しみ』に潜入!」(04年11月9日号)などである。これらの記事は,有名人がどのような「自分へのご褒美」消費を行っているかを紹介している。具体的には,「永井大 週1のごほうびタイム 『プライベートのお楽しみ』に潜入!」では,タレントの永井大が週に1回サーキット場に通って,カートに乗るという「自分へのご褒美」消費が紹介されている。本書ではこれらの記事を「紹介型記事」と呼ぶ。ご褒美記事の類型化は,図5-4にまとめた。

ターゲット読者別のご褒美記事の類型別数は表5-3に示している。表5-3によると,女性誌では,カタログ型記事が男性誌や総合(男女)誌よりも多く掲載されていることが見てとれる。

---

17 『宝島』は,宝島社の看板雑誌である。現在はビジネス雑誌の体裁をとっているが,1973年の創刊時には音楽&カルチャー雑誌という形で出版した。10年ごとにコンセプトを変え,アンダーグラウンド→サブカルチャー→アダルト→ビジネス誌と,まったく異なるジャンルを横断して,現在に至る。
18 『女性セブン』は,小学館が発行する女性週刊誌である。1963年に創刊され,現在に至る。

図 5-4　ご褒美記事の類型化

記事の類型	記事の内容	具体的な記事(例)	エンドーサー(例)
エンドースメント型記事	有名人による連載エッセイ	「渡辺満里奈の甘露なごほうび」,『Hanako』,2001年10月17日号～2005年7月6日号	渡辺満里奈
	有名人による体験談	「脳科学と社会学が解き明かす がんばった自分に「自分でご褒美」の最終定理 私たちのご褒美はこれです アスリート,作家,音楽家,政治家…」,『AERA』,2005年3月7日号	寺島しのぶ,藤巻幸夫,角川光代,他
	有名人による商品・サービスの紹介	「ハッピー気分で胸ときめく!ブランド小物 牧瀬理穂さん ごほうびだからこそ,日常にさりげなく使えるものがいい ＊ティファニーのペンダント」,『LEE』,2005年12月号	牧瀬理穂
	読者代表による体験談	「平均OLの『数字のリアル』20回 30歳女子の「自分へのご褒美」 予算47万円 パールがふさわしい女性に。これからの30代が楽しみです ＊30歳の誕生日記念」,『THE21』,2009年12月号	佐野佐知子
	…		
カタログ型記事	「プレゼントブック」	「私にごほうび!Xmasプレゼントブック」,『ChouChou』,2004年11月15日号	
	「ご褒美図鑑」	「ボーナスで買う自分にご褒美グッズ大図鑑」,『宝島』,1994年12月14日号	
	人気モデルのリスト紹介	「自分へのごほうびに watch&jewelry 人気モデル42本を一挙に紹介 いつか手に入れたいのはROLEX」,『ef』,2000年7月号	
	「欲しいものコレクション」	「1年に1度のぜいたくなごほうび。クリスマス欲しいものコレクション!」,『Hanako』,1996年11月28日号	
	買物カタログ	「今こそ,ワンランク上のお買物カタログ①　「ごほうびバッグ」と「ごほうび靴」130 憧れブランド,旬デザインはボーナスでGET」,『MORE』,1999年1月号	
	…		
紹介型記事	有名人のご褒美消費の取材	「永井大 週1のごほうびタイム 『プライベートのお楽しみ』に潜入!」,『女性自身』,2004年11月9日号	

表 5-3　ご褒美記事の類型別数(ターゲット読者別)

ご褒美記事の類型	女性	女性全体のシェア	男性	男性全体のシェア	男女両方	男女両方全体のシェア
エンドースメント型記事	293	49%	235	68%	33	62%
カタログ型記事	282	47%	71	21%	11	21%
紹介型記事	19	3%	7	2%	3	6%
その他	8	1%	32	9%	6	11%
計	602		345		53	

注:「その他」には,「自分へのご褒美」消費を中心としていない記事やマーケティング調査の結果などが含まれている。

5. 女性誌による「自分へのご褒美」消費のフレーミング活動

　ここまでで,ご褒美に関する雑誌記事の推移や特徴を見てきた。ここからは,女性誌記事が「自分へのご褒美」消費に対してどのようなフレームをどのように創造・展開したかについて探っていく。

　ご褒美関連の女性誌記事は,1988～2009年の間に602件,特定された。

602件の記事は全部で62の女性誌に掲載されていた。ご褒美記事をもっとも多く掲載したのは『Hanako』(272件)で，その後は『ef』(37件)，『COSMOPOLITAN』(23件)，『女性自身』(21件)，『LEE』(19件)，『週刊女性』(19件)，『MORE』(18件)と続く（表5-4）。第3章で特定された4つの時期に沿って記事を分類すると，第Ⅰ期（1988～96年）13誌36本，第Ⅱ期（1997～2001年）19誌111本，第Ⅲ期（2002～06年）44誌357本，第Ⅳ期（2007～09年）39誌98本であった。雑誌数と記事数ともに，第Ⅲ期にもっとも多く展開されていた。ご褒美関連の女性誌記事の推移（図5-3）では，2004年以降，その数は減少傾向にあるものの，第Ⅳ期の一年あたりの記事数と第Ⅰ期・第Ⅱ期それぞれの一年あたりの記事数を比べてみると，第Ⅳ期の方が多い[19]。

また，フレーミング活動のターゲットについてだが，本分析は女性誌を対象としているため，いうまでもないが，ターゲットは女性である。とはいえ，表5-4の雑誌カテゴリーによると，第Ⅰ期と第Ⅱ期では，「女性ヤング」「女性ヤングアダルト」「女性ミドルエイジ」（すなわち20～30代）が主なターゲットだが，第Ⅲ期以降では，「女性シニア」（50代以降）や「女性ティーンズ」（10代）へとターゲットが拡張されていることが確認できる。

「自分へのご褒美」消費に対する「神聖な消費」と「世俗的な消費」のフレーム

1988～2009年に掲載された602件の女性誌記事を精査したところ，「聖と俗」の二項対立が浮かび上がった。二項対立とは世界を構成する対立概念であり（Jakobson and Halle, 1956; Saussure, 1959），人が世界を理解するのを助けるものである。主な例として，「光と闇」「善と悪」「静と動」があげられる。中でも「聖と俗」の二項対立は，消費研究でもよくとりあげられる記号である（Belk, 1993; Belk, et al., 1989；木村，2001など）。

「聖と俗」は我々の社会生活を区別する根源的な概念であるが，消費も「神聖な消費」と「世俗的な消費」の2つに分けられる（Belk, et al., 1989）。

19　第Ⅰ期の一年あたりの記事数は4本，第Ⅱ期は22本，第Ⅲ期は71本，第Ⅳ期は33本であった。

第Ⅱ部　実証研究：「自分へのご褒美」消費の普及

表5-4　ご褒美関連の記事を展開した女性誌と記事の掲載回数

掲載誌	第Ⅰ期(1988年～1996年)			第Ⅱ期(1997年～2001年)			第Ⅲ期(2002年～2006年)			第Ⅳ期(2007年～2009年)			掲載回数(合計)
	雑誌カテゴリー	掲載回数(小計)	掲載誌	雑誌カテゴリー	掲載回数(小計)	掲載誌	雑誌カテゴリー	掲載回数(小計)	掲載誌	雑誌カテゴリー	掲載回数(小計)	
Hanako	エリア情報誌	9	Hanako	エリア情報誌	34	Hanako	エリア情報誌	221	Hanako	エリア情報誌	8	272
ef	NA	3	ef	NA	27			7				37
COSMOPOLITAN	NA	1	COSMOPOLITAN	NA	17	COSMOPOLITAN	NA	5				23
女性自身	女性週刊誌	5	女性自身	女性週刊誌	6	女性自身	女性週刊誌		女性自身	女性週刊誌	5	21
LEE	女性ミドルエイジ誌(30代)	2	LEE	女性ミドルエイジ誌(30代)	2	LEE	女性ミドルエイジ誌(30代)	14	LEE	女性ミドルエイジ誌(30代)	1	19
週刊女性	女性週刊誌	4	週刊女性	女性週刊誌	3	週刊女性	女性週刊誌		週刊女性	女性週刊誌	3	19
MORE	女性ヤングアダルト誌	3	MORE	女性ヤングアダルト誌	5	MORE	女性ヤングアダルト誌	5	MORE	女性ヤングアダルト誌	5	18
			an an			an an		5	an an		7	12
			JJ	女性ヤング誌	2	JJ	女性ヤング誌	7	JJ	女性ヤング誌	3	12
女性セブン	女性週刊誌	1	女性セブン	女性週刊誌	3	女性セブン	女性ヤングアダルト誌	5	女性セブン	女性週刊誌	2	11
	CREA		CREA	女性ヤングアダルト誌	2	CREA	女性ヤングアダルト誌	6	CREA	女性ヤングアダルト誌	3	11
non no	女性ヤング誌	1	non no	女性ヤング誌	1	non no	女性ヤング誌	4	non no	女性ヤング誌	4	10
				ゆうゆう		ゆうゆう		5	ゆうゆう		4	9
				chou chou		chou chou	女性シニア誌	6	chou chou	女性シニア誌	3	9
婦人公論	女性ミドルエイジ誌	1				婦人公論	NA	3	婦人公論	女性ミドルエイジ誌	5	8
			日経WOMAN	NA	1	日経WOMAN	NA		日経WOMAN	NA	4	8
			with	女性ヤングアダルト誌	1	with	女性ヤングアダルト誌	4	with	女性ヤングアダルト誌	2	7
			グラツィア	女性ミドルエイジ誌(30代)		グラツィア	女性ミドルエイジ誌(30代)	2	グラツィア	女性ミドルエイジ誌(30代)	3	6
									クロワッサン Premium	女性シニア誌	5	5
			クロワッサン			クロワッサン	女性ミドルエイジ誌	2				4
			メイプル			メイプル		3				4
						フィガロジャポン	女性ヤングアダルト誌	3	フィガロジャポン	女性ヤングアダルト誌	1	4
			PHPスペシャル	女性ヤングアダルト誌	1	PHPスペシャル	女性ヤングアダルト誌	3	STORY	女性ミドルエイジ誌(40代)	4	4
						OZ magazine	エリア情報誌	2	OZ magazine	エリア情報誌	2	4
						25 ans	エリア情報誌	3	25 ans	女性ヤングアダルト誌	1	4
						OZ magazine 臨増	エリア情報誌	1	OZ magazine 臨増	エリア情報誌	2	3
						流行通信	NA	2	流行通信	NA	1	3
微笑	NA	3										3

第5章　メディアによるコミュニケーション・メッセージの分析

雑誌名	カテゴリー			
からだにいいこと	NA			3
エッセ	生活実用情報誌		2	3
Como	女性ミドルエイジ誌(30代)			3
FRaU	女性ヤングアダルト誌	3	1	3
ELLE JAPON	女性ヤングアダルト誌	1		2
マリ・クレール	NA		1	2
ELLE JAPON	女性ヤングアダルト誌	1	1	2
いきいき	女性シニア誌	2		2
MINE	NA	2		2
日経ヘルスプルミエ	NA		2	2
JUNON	女性ヤング誌		2	2
キャズ	NA	1		1
清流	NA	1		1
ヴァンテリビ	NA	1		1
アッティーバ	NA	1		1
SAY	NA	1		1
ハーパース・バザー	NA	1		1
マイ・フォーティーズ	NA	1		1
サンキュ！臨増	生活実用情報誌	1		1
Saita	NA	1		1
Saita 別冊	NA	1		1
POTATO	女性ティーンズ誌	1		1
PHP カラット	NA		1	1
婦人画報	女性ミドルエイジ誌		1	1
リンカラン	NA		1	1
トリニティ	NA		1	1
OZ plus	女性ヤングアダルト誌		1	1
美 STORY	ビューティ・コスメ誌		1	1
Hamako WEST	エリア情報誌		1	1
主婦の友	NA		1	1
旅	NA		1	1

注：雑誌カテゴリーは、JMPA マガジンデータにもとづく。

消費には，日常生活で食料品を買うといった「世俗的な消費」と，それとは異なる特別な消費（「神聖な消費」）がある。「神聖な消費」は神聖さの側面を持ち合わせており，消費者にとって特別な経験となる。たとえば，あるアイドルを崇拝している者にとっては，そのアイドルのコンサートに行くことは特別な経験であり，日常とは異なる消費の場面であろう。ほかには，世界遺産などを訪れて自然や芸術をあがめたり，神社でお守りを買ったり，ギフトを贈ったりすることも非日常的な消費であり，消費者に特別な感情を与える。これら特別な消費はすべて「神聖な消費」である。602件の「自分へのご褒美」に関する女性誌記事を精査したところ，「自分へのご褒美」消費は「神聖な消費」として描かれている場合と，「世俗的な消費」として描かれている場合の両方が見受けられた。

女性誌が，どのようにして「自分へのご褒美」消費に対して「神聖な消費」と「世俗的な消費」のフレームを創造・展開したかを，つぎに具体的に見ていく。

「自分へのご褒美」消費に対する「神聖な消費」フレームの創造・展開

女性誌は，「自分へのご褒美」消費に関する記事を書く上で，6つの戦術（「特別な品を対象とする」「神秘性の付与」「個人化」「時間の特別化」「自己贈与化」「カリスマ・リーダーによる支持」）を採用していた。これら戦術の内容は「聖」に関する議論（Belk, et al., 1989など）と一致しており，「自分へのご褒美」消費に対して「神聖な消費」フレームが創造・展開されていたことを示唆する。

特別な品を対象とする：女性誌は，「自分へのご褒美」消費の記事で普通の品ではない特別な品（すなわち聖なる品）をとりあげた。具体的には，宝飾品や時計，そして高級ブランド品などである。女性誌は，これらの品を本物・貴重・特別・希少・高品質・美しい・ラグジュアリー・歴史がある・高価などと形容し，特別な品であることを強調した。たとえば，女性誌で組まれた最初の「自分へのご褒美」特集（『MORE』，1990年1月）は，高級ブランドのバッグや小物，宝飾品，そして腕時計をご褒美品として紹介し，そ

れらを「確かな美しさを持つバッグ」「プレステージの高いもの」「いい物」「本物」「デザインにこめられた歴史と心」「伝統に磨き抜かれた技術と感覚」「フォルムの美しい」などと表現した。希少性や美しさといった要素は，品を普通の品から区別し，それを聖なる品とする（Clark, 1986）。また女性誌は，「自分へのご褒美」消費の対象品が「価値ある本物」であることも強調したが，本物（authenticity）も神聖さの一面である（Belk, et al., 1989）。本物は偽物から区別されて聖なるものとなる。

女性誌は，「自分へのご褒美」消費の対象として聖なる品をとりあげることで，「自分へのご褒美」消費が日常の消費とは異なる特別な消費であるとし，「神聖な消費」の意味を創造した。

神秘性の付与：「自分へのご褒美」特集では，ご褒美品が特別なパワーを備えており，購入者に幸せをもたらすかのように語られていることがある。たとえば『Hanako』は，自誌初の「自分へのご褒美」特集で，ご褒美品を持ち主に幸せを与える「ラッキーアイテム」としている。

今年もよくがんばりました，のごほうびに買うものは，センスがよくて役に立って，**使うたびに幸せになれて**，'96年っていい年だったなぁと思わせてくれれば最高。そんな**ラッキーアイテム**にこの1冊できっと出合える。（1996年11月28日，p.8，ゴシックは引用者による，以下同様）

また，ご褒美品は「お守り」になぞらえて表現されることもあった。お守りとは，よいことがあるように（開運，招福），あるいは悪いことが起きないように（厄除け，魔除け）といった願いを象った物品である。身につけたり，あるいは逆に人目に触れないところに保管することで，持ち主の力を維持あるいは増幅するといった効力を発揮するとされる。ご褒美品の中でも，特に宝飾品は守護石として神秘性が強調された。

神秘性は神聖さの特徴のひとつと捉えられており，神秘性が失われると神聖さが失われるともいわれている（Belk, et al., 1989）。女性誌は，ご褒美品に神秘性を付与することで神聖な品とし，ご褒美品の消費を神聖なものとした。

第Ⅱ部　実証研究：「自分へのご褒美」消費の普及

個人化：読者に「自分へのご褒美」消費を訴えるため，女性誌は「個人化」（singularization）を強調した。個人化とは，個人に関連する意味の付与である（Kopytoff, 1986）。今回の分析からは，主に3つの個人化方法が特定された。第1に，女性誌はご褒美品をがんばったことの証として購入することを読者に勧め，ご褒美品を自分自身の成功の象徴として打ち出した。たとえば，女性誌初のご褒美特集は「自分へのご褒美」消費をつぎのように説明した。

> たとえば，**今年1年の努力を形にして**，元気の出るプレゼントを自分に贈る。できればキャリアを感じさせる逸品がいい。何年も何年もつき合える確かさを持つ品がいい。また**一歩成長した自分を象徴するもの**がいい。（『MORE』，1990年1月，p.75）

『MORE』は，「自分へのご褒美」消費を行って一年間の努力を形にすることを勧めている。そこでは，ご褒美品は「一歩成長した自分」を象徴する役割も担っている。

第2に，女性誌はご褒美品が持ち主の「らしさ」を表すとうたい，それら品々が持ち主の一部であるかのように語った。たとえば『MORE』は，バッグが女の「分身」であり，また手帳や名刺入れといった小物が「その人らしさを雄弁に物語る」と述べた（1990年1月，p.76）。同様に，宝飾品と腕時計も持ち主のシンボルであるとされた。

> 一生もののジュエリーや時計を選ぶときは，どんな女性になっていきたいかを少しだけ考えてみたい。それは**あなたのシンボル**であり，これから先も一番近くで見守り，励まし，ときにはプライドを与えてくれるものだから。（『ef』，2000年1月，p.116）

このように，女性誌はご褒美品が自己と密接に関係していることを打ち出した。

第3に，女性誌はご褒美品を擬人化し，それら品々と持ち主の関係を親密

第5章　メディアによるコミュニケーション・メッセージの分析

なものとした。たとえば，腕時計は女性のパートナーによくたとえられた。『with』はご褒美時計をつぎのように表現している。

> いつもいっしょにいる時計は，最高に仲のいい**相棒のような存在**。だからこそ，いいものを手に入れたいもの。憧れの4ブランドを定番から新作まで吟味して，大切な今と将来の**パートナー**を見つけましょう。（1999年12月，p.248）

持ち主にとって，自分に関係する意味が品に込められていることは，その品を特別なものにする。女性誌は上記3ついずれかの手法を通じて，個人的な意味合いをご褒美品に持たせた。その結果，ご褒美品はコモディティ品から区別され，神聖な品となった。

　時間の特別化：女性誌は，「自分へのご褒美」消費をたまにしか行わない消費とし，それが特別な行為であることを打ち出した。記事タイトルにも，「1年に1度のぜいたくなごほうび。［……］」（『Hanako』，1996年11月28日）や「1年がんばった自分にごほうび！［……］」（『MORE』，1998年1月）など，「自分へのご褒美」消費が一年に一度の行いであることを印象づける言葉が含まれている（表5-1）。このように，女性誌は「自分へのご褒美」消費が日常的な行為ではないことを印象づけた。

　また，女性誌はご褒美時間を日常の時間から切り離すことも行った。このことが特に顕著に表れていたのが外食とエステである。たとえば，『日経WOMAN』のご褒美レストラン特集はご褒美に行きたいバーの風景をつぎのように描いている。

> 暗いというのが第一印象。しかしこの暗さが，不思議と落ち着く。というのも，居合わせた客同士，明かりにさらされることなく，"ひとり気分"に浸ることができ，バーテンダーとの会話に没頭できるから。そして座った席だけスポットライトが当たって，「私が主役」になれるから。「バーの良さは，時計など**現実を感じさせるものが一切ない非日常的な空間**で，居心地のいい時間を過ごせること。［……］」（2000年10月，p.158）

この記事は，ご褒美時間を日常時間とは異なるものとし，その時には消費者が日常や現実を忘れられることを示唆している。

時間も「神聖な時間」と「世俗的な時間」に分けられる (Belk, et al., 1989)。女性誌は，「自分へのご褒美」消費の時間を日常的ではない，いわば「神聖な時間」とすることで，「自分へのご褒美」消費を神聖なものとした。

自己贈与化：女性誌は，「自分へのご褒美」を「自分へのギフト」(self-gifts：自己贈与) とも表現した。「自分へのご褒美」消費は自分にご褒美を「プレゼントする」や「贈る」こととされ，通常の買い物とは区別された（表5-1の記事タイトルを参照）。

ギフトには特別な意味があり，ギフト消費は通常のコモディティ消費とは明確に異なる。ギフトには気持ちを表現する性質があるため，神聖であると捉えられた (Belk, et al., 1989)。対人関係における贈与の場合，ギフトは人々のつながりを表現することが多い。自己贈与の場合は，ギフトは自尊心や自己アイデンティティを象徴し，自分への贈与を通じて自分自身と対話を行う (Mick and DeMoss, 1990)。女性誌は，「自分へのご褒美」消費を通じて気持ちの表現ができることを示唆した。たとえば，『ef』は「自分へのご褒美」と気持ちの表現についてつぎのように物語っている。

> LOVE LETTER FOR ME。一つ一つのジュエリーに思い出を託して。［……］はじめてきちんとしたアクセサリーを買ったのは，会社に入った年。［……］宝石は一つ一つの輝きに，そのときの「私」をフリーズできるタイムカプセルではないだろうか。そう気づいたときから，**私はその年の私に，「よくがんばったね」と声をかけて贈り物をする**のが好きになっていた。(1998年1月, p.114)

上記の記事では，「自分へのご褒美」消費は自己との対話として描かれており，「私」は「よくがんばったね」と自分に声をかけている。さらに，ご褒美品の宝石は「『私』をフリーズできるタイムカプセル」と表現されており，自己アイデンティティの象徴として描かれている。

このように，女性誌は「自分へのご褒美」が自分への贈り物であり，特別

な消費（すなわち「神聖な消費」）であると印象づけた。

カリスマ・リーダーによる支持：女性誌は，読者に人気のある有名人やモデル（カリスマ・リーダー）に，「自分へのご褒美」消費を推奨させる手法も活用した。たとえば，『ef』はシンガーソングライター古内東子の連載エッセイを1999年に掲載したが，8月号で「自分へのご褒美」について語ってもらっている。

> 自分へのごほうびは，物質的な欲求を満たしてくれるものかな。はたから見たら必要ないものかもしれないけど，自分で買うことに意味がある。たとえばOLさんとかが，エルメスのケリーやバーキンを欲しがる気持ちって，すごくよくわかるんです。男性から見たら，そんなカバンに何十万も出して，と思うかもしれないけど，女性にとっては自己満足なんですよね。それを買うためにお金をためたんだろうなって思うと，すごくがんばった人に見えてくる。女の人って，ひとつずつ目標があって，それを身につけられる女性になりたいと願って，手に入れた瞬間，ランクアップできたような気分になれるんでしょうね。
> 自分へのごほうびって，何かをやった結果というのもあるけど，次へランクアップするための準備材料のような気がしますね。(p.45)

「カリスマ・リーダーによる支持」の手法は，他の女性誌でもよく見られた。『Hanako』は，2001年10月17日号から始まった渡辺満里奈による連載のタイトルを「渡辺満里奈の甘露なごほうび」とし，元国民的アイドルに「自分へのご褒美」消費を支持させた。『non no』も，自誌初のご褒美記事（1993年4月20日）に，当時人気アイドルだった西田ひかると宮沢りえを起用している。

人も「神聖な人」と「世俗的な人」に分けられ，世の中には特別な人が存在する（Belk, et al., 1989）。こういった人々はカリスマ的パワーを備えており，支持者に影響を与えることがある（Weber, 1968）。女性誌は「神聖な人」であるカリスマ・リーダーに「自分へのご褒美」消費を支持させることで，「自分へのご褒美」消費に対して「神聖な消費」の意味を創造した。

以上のように，女性誌が6つの戦術を通じて「自分へのご褒美」消費に対して「神聖な消費」フレームを創造したことが，雑誌記事のクロース・リーディングから読みとれた。

■「自分へのご褒美」消費に対する「世俗的な消費」フレームの創造・展開

女性誌は，「神聖な消費」の意味創造戦術とは相反する内容の戦術もとっていた。具体的には，「コモディティ品を対象とする」「低価格の強調」「時間の脱特別化」「脱自己贈与化」といった4つの戦術である。「神聖な消費」から神聖さをなくしたり，神聖なものと世俗的なものを一緒にしたりすると，それは「世俗的な消費」となる（Belk, et al., 1989）。女性誌は，上記4つの戦術を採用することで，「自分へのご褒美」消費に対して「世俗的な消費」フレームの創造・展開も行った。

コモディティ品を対象とする：「自分へのご褒美」消費の記事では，多くの場合，高級ブランド品や宝飾品，そして時計などの「特別な品」がご褒美消費の対象としてとりあげられていたが，コモディティ品も対象として紹介されることもあった。具体的な例をあげると，ラーメンといった大衆的な食べ物，そしてマグカップやおやつなどの日用品である（表5-2 の「『自分へのご褒美』消費の対象品」を参照）。

女性誌は，これらコモディティ品をご褒美品としてとりあげた時には，本物・貴重・高品質・ラグジュアリー・高価などの形容詞は使わなかった。むしろ，ご褒美品は貴重で高価なものとは反対のものとして描かれた。たとえば，『chouchou』はご褒美品としてラーメンをとりあげ，「オトクな価格」と「庶民さ」を強調している。

> 仕事や家事など，ストレスを感じつつも毎日頑張っている女子の皆さん，たまには自分に「えらい！」とごほうびをあげましょう。オススメは，麺以外のディッシュも手の込んだ作りで，高級な雰囲気のラーメン店。このおいしさでかなり**オトクな価格**は，やっぱり**庶民の味方**，ラーメンだからこそ。頑張る自分に，ステキなラーメンで乾杯を！（2009 年 10 月 22 日，

第 5 章　メディアによるコミュニケーション・メッセージの分析

p.97）

　また，上記の記事では「高級な雰囲気のラーメン店」がとりあげられているが，このラーメン店はキッチュ（kitsch：俗悪なもの，まがいもの）である。ラーメンを庶民の食べ物としながら，そこに高級感を付随することには，ある種の偽物感が漂う。偽物は，神聖さの特徴である本物の反対である。偽物感の創造によって，「自分へのご褒美」消費から神聖性が取り除かれた。ベルク他も，キッチュが脱神聖化（desacralization）と関係があることを指摘している。

　さらに，女性誌は「自分へのご褒美」消費の特集で日用品をとりあげ，ご褒美品が特別な品ばかりではないことも打ち出した。神聖な品が普通になると世俗化する（Belk, et al., 1989）。女性誌は，コモディティ品を「自分へのご褒美」消費の対象とすることで，「自分へのご褒美」消費に対して「世俗的な消費」の意味を創造した。

　低価格の強調：女性誌は，「自分へのご褒美」消費の記事で低価格を強調することもあった。たとえば，『OZmagazine』は「自分へのご褒美」消費に関する記事の中でディスカウント価格を強調している。

　リラクゼーションサロン体験が「**60分・5800円**」という待望の企画がOZmallでスタート！そこで今回は，中でもOZmagazine読者限定で，**価格は据え置きのまま**，「**施術プラス15分**」という**特別プラン**を実施！毎日がんばっている自分に，至福の休息をプレゼントしてあげて！（2006年5月8日，p.83）

『OZmagazine』はディスカウント価格でサロンが体験できることを打ち出し，消費者にお得感を伝えている。

　また女性誌は，手頃な価格で「自分へのご褒美」消費が行えることもうたった。たとえば，『MORE』はご褒美ジュエリーの買いやすさをうたっている。

第Ⅱ部　実証研究：「自分へのご褒美」消費の普及

　10万円以下で選ぶステディジュエリー。**買いやすいプライス**で，アイテム別に厳選。毎日使いに最適なお気に入りを要チェック！（2007年7月，p.266）。

ディスカウント価格や手頃感がフォーカスされることで，ご褒美品が手の届きやすいものであることが示唆された。
　ベルク他によると，高価格は神聖さを確認する特徴でもある。高価格は，神聖な品が世俗的な品と同一視されないように区別する。また購入者は，高価格を受け入れることで，神聖さに対する敬意を表しているのである。反対に，低価格は世俗的な世界に導く作用がある。ゆえに女性誌は低価格を強調したことで，「世俗的な消費」の意味を「自分へのご褒美」消費に対して創造した。
　時間の脱特別化：女性誌は，「自分へのご褒美」消費を行う時間を特別なものとすることで「自分へのご褒美」消費を神聖化したが，反対に日常の中で「自分へのご褒美」消費を行うことを推奨することもあった。たとえば『ef』は，週末にご褒美としてホテルに宿泊することを提案している。

　ストレスにあふれた毎日を送る私たち。旅行に行く時間はないけれど，**週末などのちょっとした休みに**，ホテルのプランを利用して日頃の疲れを癒しに行くのはいかが？今話題のニューオープンから憧れの老舗まで，女性に優しいホテルプラン大特集！（2004年3月，p.146）

　また『an an』（2004年3月10日号）は，日常的に行うスキンケアのお手入れ品をご褒美品としてとりあげ，「毎日」を贅沢にすることを強調した。

　贅沢クレンジング："落とす""洗う"**毎日**のベーシックなステップを大切にする気持ち［……］。（p.96）

　極上気分の入浴剤：**毎日**のバスタイムをラグジュアリーにするのは，お気に入りの入浴剤。（p.98）

日常生活で使用する品々をとりあげることで，ご褒美時間を非日常の時間ではなく日常の時間としたのである。このように，女性誌はご褒美時間の日常化（すなわち脱特別化）を行い，「自分へのご褒美」消費を「世俗的な消費」とした。

脱自己贈与化：女性誌は，「自分へのご褒美」消費を自己贈与化することで「神聖な消費」の意味を創造したが，反対に「自分へのご褒美」消費をショッピングの一種として語ることもあった。そのような場合，女性誌はギフトの概念ではなく買い物の概念を使用した（脱自己贈与化）。たとえば，『with』は2009年に高級ブランドのルイ・ヴィトンの小物を紹介する際に「がんばった私にごほうび！　夏のルイ・ヴィトン**お買い物帳**」というタイトルをつけた。この記事ではルイ・ヴィトンの新作を紹介しているが，商品の購入をうながす上で，「ギフト」や「プレゼント」，「贈る」といった贈与に関連する概念はまったく使用されていなかった。こういった記事は，「自分へのご褒美」消費の特別感を削減し，「自分へのご褒美」消費を普通の買い物と同じ扱いで打ち出している。

以上のように，女性誌は4つの戦術を活用し，「自分へのご褒美」消費の特別感（神聖さ）を取り除いたり，神聖性と世俗性の意味を同時に展開させたりして，「自分へのご褒美」消費に対して「世俗的な消費」フレームを創造した。

6. 女性誌のフレーミング活動と「自分へのご褒美」消費の正当化

ここまでで，女性誌が「自分へのご褒美」消費に対して「神聖な消費」と「世俗的な消費」フレームを創造・展開していたことを確認した。つぎに，これらフレームが「自分へのご褒美」消費が正当性を獲得する中で果たした役割を探る。第4章と同様，本分析でもサックマンが定義した正当性の3類型の獲得を参考にする。

第Ⅱ部　実証研究:「自分へのご褒美」消費の普及

「神聖な消費」フレームの創造・展開と道徳的・実践的正当性の獲得

「神聖な消費」フレームの創造・展開は，道徳的正当性の獲得に有用であったといえよう。道徳的正当性を獲得するための戦略のひとつは，道徳的理想に適合することである (Suchman, 1995)。具体的な方法のひとつに，象徴的表示を提供してイメージを形成するというものがある。「自分へのご褒美」消費に対して「神聖な消費」フレームを創造・展開し，神聖さといった道徳的理想に適合させたことによって，道徳的正当性の獲得につながったといえよう。

また「神聖な消費」フレームの創造・展開は，実践的正当性の獲得においても有用であったと考えられる。「自分へのご褒美」消費が，普及が始まった当初には社会的に好ましく思われていなかったであろうことはすでに説明した通りである（第3章を参照）。世間の合意を得にくい中で「自分へのご褒美」消費を行うには，その行為を行うための「真っ当な理由」が必要である。ゆえに，潜在的採用者は「自分へのご褒美」消費を行うための「真っ当な理由」を必要としていた。「神聖な消費」フレームは，女性消費者が「自分へのご褒美」消費を特別な消費であると解釈することを可能とし，彼女らに「真っ当な理由」を提供したといえよう。そして彼女らが「自分へのご褒美」消費を行うことを支援したのである。

「世俗的な消費」フレームの創造・展開と認知的正当性の獲得

そして，「世俗的な消費」フレームの創造・展開は，認知的正当性の獲得に有用であったといえよう。「世俗的な消費」フレームを創造・展開することで，「自分へのご褒美」消費の特別さを軽減し，誰でもその行為を行えることを打ち出した。それは，「自分へのご褒美」消費が普通の消費行動であると人々に思ってもらう上で有用であったといえよう。そして，それはより多くの消費者が「自分へのご褒美」消費を行うことを支援したと考えられる。

7. まとめ

本章では、「自分へのご褒美」消費を訴求した女性誌記事の内容分析を行った。この分析による発見事項は、つぎのように整理できる。

まず、女性誌も企業と同様、「自分へのご褒美」消費を普及させるために、フレーミング活動を行っていたことが確認された。女性誌は「自分へのご褒美」消費に対して「神聖な消費」と「世俗的な消費」のフレームを創造・展開していた。これらフレームも、「自分へのご褒美」消費が道徳的正当性・実践的正当性・認知的正当性（Suchman, 1995）のいずれかを獲得することを可能とし、「自分へのご褒美」消費が正当化されていくのに影響を与えていたことが示唆された。

つぎに、フレーミング活動のターゲットについてだが、本分析は女性誌を対象としているため、いうまでもないが、ターゲットは女性である。しかしその中でも、複数のセグメント（ティーンズからシニアまで）に対して、女性誌が「ご褒美」関連のコミュニケーション活動を行っていたことが確認された。第Ⅰ期と第Ⅱ期では、20～30代が主なターゲットだったが、第Ⅲ期以降では、50代以降や10代もターゲットとなっている。企業と同様、女性誌も、第Ⅰ期では、フレーミング活動のターゲットを「働く若い独身女性」（OL）セグメントに定めていたようである。そして第Ⅲ期以降に、シニアやティーンズなどの他セグメントへとフレーミング活動のターゲットを拡張させていったのである。

最後に、本分析は、イノベーション普及におけるコミュニケーション・チャネルの影響に関して再考する必要性を示唆したといえよう。バス・モデルでは、時間が経過するにつれてマスメディア・コミュニケーションよりもインターパーソナル・コミュニケーションが重要になるといわれている。しかし、本分析でとりあげた女性誌はマスメディア・コミュニケーションの一種であり、「自分へのご褒美」消費の普及においては、その後期でも女性誌の影響の強さがうかがえる。ご褒美関連の女性誌記事数の推移では、2004年（第Ⅲ期）以降その数は低下傾向にあるものの、第Ⅳ期の一年あたりの記

事数と第Ⅰ期・第Ⅱ期それぞれの一年あたりの記事数を比べてみると，第Ⅳ期の方が多い。正当化プロセスとしてのイノベーション普及論を構築する上では，普及プロセスの後期においても，マスメディア・コミュニケーションの影響を考慮する必要があると思われる。

　つぎの結章で，第4章と第5章の発見事項を一般化して概念フレームワークを構築し，正当化プロセスとしてのイノベーション普及論を検討していく。

結章 正当化プロセスとしてのイノベーション普及論の概念フレームワーク

1. はじめに

　本書は，イノベーションの普及者はどのようにしてイノベーションが抱える不確実性を減少させて，それを広く社会に普及させられるのか，というリサーチ・クエスチョンに答えるため，「イノベーションを正当化していく」という視点を切り口として考えてきた。結びである本章では，まず第4章と第5章の発見事項をまとめ，つぎにイノベーションの普及者がイノベーションを正当化し，普及させていくプロセスの概念フレームワークを構築する。そして最後に，本書の分析結果から得られる理論的・実務的含意を述べ，また残された課題を提示する。

2. 発見事項のまとめ

　第1章では，イノベーション普及に関する先行研究のレビューを行い，「自分へのご褒美」消費様式の形成をイノベーションの普及として捉えるための視点を整理し，また，イノベーション研究が抱える問題や課題を特定し，本書の理論的位置づけを明らかにした。本書ではロジャーズのイノベーションの定義にもとづき，潜在的採用者によって新しいと知覚された消費様式が

143

イノベーションのひとつであると捉えた。また，本書がイノベーション普及の予測ではなく，イノベーション普及に対するコミュニケーションの内容の影響に関する研究であることを示した。

　第1章のレビューからは，イノベーションの基本的特徴が「新しさ」と「不確実性」であり，そういった特徴を備えているがゆえに，イノベーションが社会で受容されにくい（Rogers, 2003）ということも明らかになった。そこで，本書はイノベーションの普及を潜在的採用者がイノベーションに対して認知する不確実性を減少させるプロセスと考えた。このことをイノベーションの普及者視点で捉え直すと，イノベーションの普及者はイノベーションの不確実性を減少させるためにどのような行動をとることが可能か，といった課題が浮かび上がる。この課題に対して，「イノベーションを正当化していく」という視点を本書は提示した。

　第2章では，正当化という概念を理解するために，関連する研究のレビューを行った。正当性と正当化プロセスに関する研究からは，正当性を獲得するためには積極的にコミュニケーションを行う必要があることが明らかとなった。そして社会運動研究からは，正当化においてはフレーミング活動が有用であることが確認された。そこで本書では，イノベーションの普及者がどのようなフレーミング活動を行ってイノベーションを正当化し，普及させていくことが可能かということを，具体的な事例研究を通じて明らかにし，そしてその分析結果をふまえて，正当化プロセスとしてのイノベーション普及論を構築することを目的とした。第2章の最後には，正当化プロセスとしてのイノベーション普及論を構築する上での課題も提示した。

　第Ⅱ部では，「自分へのご褒美」消費の事例研究を行って，「自分へのご褒美」消費の普及において，企業やメディア（女性誌）といった普及者が潜在的採用者にどのようなコミュニケーション・メッセージを伝えて「自分へのご褒美」消費を正当化し，普及していったかを検討した。企業と女性誌のコミュニケーション・メッセージの内容分析による発見事項は，第2章で示された研究課題に沿って，つぎのようにまとめられる。

課題(1)　イノベーションの正当化におけるフレーミングの検討：イノベー

結章　正当化プロセスとしてのイノベーション普及論の概念フレームワーク

ションを正当化し，潜在的採用者におけるイノベーションの不確実性を減少させて，採用者を動員するためには，どのようなフレームが適切なのかを検討する必要がある。企業によるコミュニケーション・メッセージの分析からは，イノベーションの正当化においても，スノー他が社会運動の研究において特定したフレーム調整過程（フレーム拡大化・フレーム拡張化・フレーム連結化・フレーム変換化）が有用であることが示唆された。また，女性誌によるコミュニケーション・メッセージの分析からは，イノベーションの正当化において「聖」と「俗」の象徴的フレームが有用であることが示唆された。

課題(2)　イノベーションの正当化におけるフレーミング活動のターゲットの検討：イノベーションの採用決定時期は人によって異なるため（採用者カテゴリー，Rogers, 2003），イノベーションの正当化においては，フレーミング活動のターゲットとなる採用者カテゴリーを選定し，その採用者カテゴリーが持つ価値や信念と整合させていく必要があると考えられる。またそれは，ターゲットとする採用者カテゴリーのイノベーション採用開始時期に合わせて，フレーミング活動を行う必要があることも示唆している。企業も女性誌も，第Ⅰ期におけるフレーミング活動のターゲットは，イノベーター・初期採用者であった「働く若い独身女性」（OL）セグメントであった。第Ⅱ期に初期多数派であった「主婦」，そして第Ⅲ期以降に後期多数派であった「団塊世代」「男性」，またラガードであった「シニア層」などもフレーミング活動のターゲットとしていたことが見てとれた。

課題(3)　イノベーションの正当化とコミュニケーション・チャネルの検討：イノベーションを正当化する上では，社会的現実の新しい説明を積極的に広めなければならない。ゆえに，バス・モデルでは時間が経過するにつれてマスメディア・コミュニケーションよりもインターパーソナル・コミュニケーションが重要になるといわれているものの，イノベーションを正当化していくということを考えるならば，普及プロセスの後期においてもマスメディア・コミュニケーションの影響力を考慮する必要があると思われる。「自分へのご褒美」消費の正当化においては，女性誌といったマスメディア・コミュニケーションは，普及プロセス後期（第Ⅲ期以降）でも影響を与えていたように見受けられる。また，普及プロセス後期には後期多数派やラ

ガードをターゲットとした新商品が食品・飲料業界から発売されていたが，それら商品のプロモーションではテレビ広告が重視されていたことからも[1]，普及後期においてもマスメディア・コミュニケーションが引き続き重要であったことがうかがえる。

課題(4)　社会的レベルでの集団的活動としてのイノベーションの正当化の検討：正当化研究では，正当性の獲得において，集団的活動が有用であることが示されている（Suchman, 1995）。「自分へのご褒美」消費の事例分析からは，イノベーションの普及者がイノベーションを正当化し，広く社会に普及させていく上でも，集団的活動が有用である可能性が示唆された。まず，企業のフレーミング活動においては，正当化に影響を与えたと考えられる各業界の支配的フレームは，業界内の競合がフレームを模倣して展開（「フレーミング模倣」）した結果でもあった。さらに，ある業界の支配的フレームは，別の業界でも展開あるいは反論されていた（「業界間のフレーミング・コンテスト」）。複数の業界で展開されていたフレームは，やがて社会全体で共有される集合行為フレームとなり，より多くの消費者の動員につながったと考えられる。また，女性誌のフレーミング活動においても，ご褒美関連の記事を掲載した雑誌数は第Ⅰ期から第Ⅳ期にかけて増加していった（図5-2）。複数の女性誌が「自分へのご褒美」消費に対して「神聖な消費」または「世俗的な消費」フレームを展開したことによって，それが社会で共有される集合行為フレームとなり，より多くの消費者の動員につながったと考えられる。

3. 正当化プロセスとしてのイノベーション普及論の概念フレームワーク

以上の文献レビューと「自分へのご褒美」消費の事例分析にもとづき，以下，正当化プロセスとしてのイノベーション普及論の概念フレームワークを提示する。

---

[1] この一例は，サントリーのプレミアムビール『ザ・プレミアム・モルツ』の2010年秋冬キャンペーンであろう。「金曜日はプレモルの日」とし，「がんばった自分に，ごほうび」として『ザ・プレミアム・モルツ』を毎週飲むことをテレビ広告や交通広告そしてインストア・プロモーションなどを通じて推奨した。

結章　正当化プロセスとしてのイノベーション普及論の概念フレームワーク

潜在的採用者のイノベーション採用決定をうながすイノベーションの正当化

　イノベーションの普及とは，イノベーションが潜在的採用者によって採用され，社会に広がっていく過程である。いいかえるならば，イノベーションの普及は，潜在的採用者のイノベーションを採用するかしないかといった意思決定を含むのである。「自分へのご褒美」消費の事例分析では，企業や女性誌といったイノベーションの普及者がイノベーションを正当化することで，潜在的採用者のイノベーション採用決定をうながしうることが示唆されている。こうした側面をイノベーション普及の概念に取り入れるために，本書では，イノベーションの普及を「潜在的採用者へのイノベーションに関する情報の伝達を通じて，イノベーションを正当化するプロセス」と定義する。図結-1 に，イノベーションの普及者がイノベーション普及の段階に応じて獲得すべき正当性のタイプと，その正当性を獲得するために活用できるフレーミングの例を示している。以下，図結-1 について，「自分へのご褒美」消費の事例を参照しつつ，説明する。

　道徳的正当性の獲得：イノベーション普及の初期段階では，イノベーションは革新的であるがゆえに社会で受容されにくい状態である。そのため，イノベーションに対して，社会的に見てポジティブで規範的であるという評価（すなわち，イノベーションが「真っ当である」という評価）を獲得することで，イノベーションの採用をよりうながすことが可能となる。たとえば，「自分へのご褒美」消費は，普及が始まった当初，批判的な見解が世間に存在しており，正当性における「負債」を抱えていた。企業や女性誌が「自分へのご褒美」消費が真っ当な行いであると解釈できるフレームを創造したことにより，潜在的採用者は批判的な見解が存在していた中でも，「自分へのご褒美」消費を行うことができたのである。道徳的正当性の獲得は，イノベーションが社会で共有されている価値と相容れなかった場合には特に重要になると考えられる。

　実践的正当性の獲得：実践的正当性の獲得とは，潜在的採用者にイノベーションを採用することで得られる価値を伝えることで，イノベーションに対

図結-1　イノベーション普及の段階，正当化，そしてフレーミング

採用者数（多／少）

ラガード
後期多数派
初期多数派
初期採用者
イノベーター

早い　　　　採用のタイミング　　　　　　　遅い

正当性のタイプ：
- 道徳的正当性
- 実践的正当性
- 認知的正当性

フレーミング（例）：
- フレーム拡大化　／　フレーム連結化
- フレーム拡張化　／　フレーム変換化
- 「聖」の象徴的フレーム　／　「俗」の象徴的フレーム

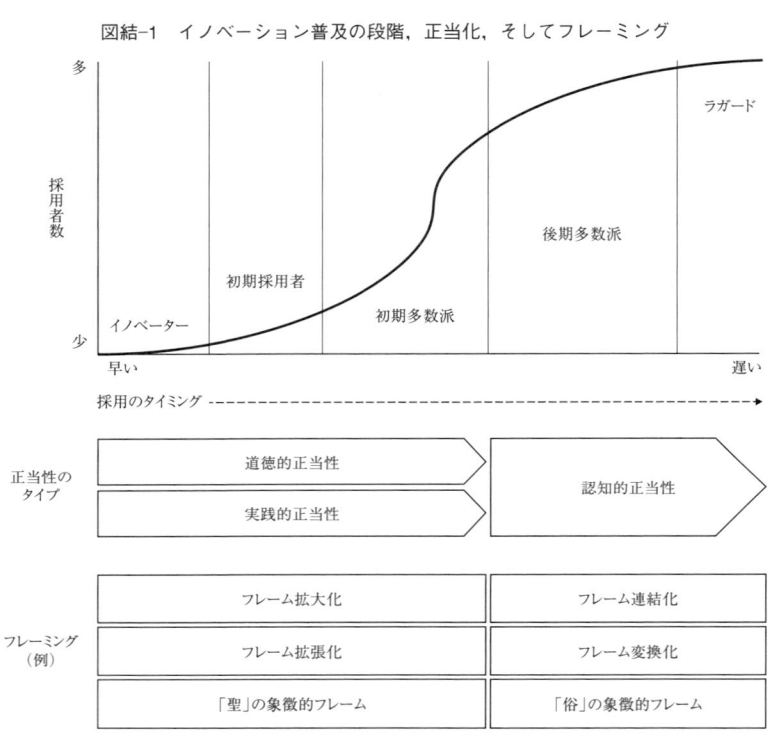

注：イノベーション普及の段階は，Rogers（2003）の採用者カテゴリーにもとづく。

する支持を得ることである。いいかえるならば，潜在的採用者にイノベーションを採用するための「真っ当な理由」を提供し，彼らの採用決定をうながすということである。「自分へのご褒美」消費においては，その普及が始まった当初，イノベーターや初期採用者は「自分へのご褒美」消費を行うための真っ当な理由を必要としていた。企業や女性誌は，「自分へのご褒美」消費が「特別な消費」や「クリスマスギフト」であると解釈できるフレームを創造したことで，イノベーターや初期採用者の「自分へのご褒美」消費に対する支持を獲得し，彼らが「自分へのご褒美」消費を行うことを促進した。

　認知的正当性の獲得：イノベーション普及の後期段階とは，後期多数派やラガードなどの後期採用者によるイノベーション採用期でもある。イノベー

結章　正当化プロセスとしてのイノベーション普及論の概念フレームワーク

ションが「普通」のことと人々に思ってもらえると（認知的正当性の獲得），後期採用者のイノベーション採用決定をうながすことができる。後期採用者は，イノベーションに対して懐疑的かつ警戒の念を持って接近するので，ほとんどの人がイノベーションを採用するまで，それを採用しようとしない。また，後期採用者は，採用前にイノベーションの採用が「うまくいくことが確実」であることを求める（Rogers, 2003）。ゆえに，イノベーションが普通のことであるという認知は，保守的な後期採用者のイノベーション採用決定をうながすことにつながるといえよう。たとえば「自分へのご褒美」消費では，それが普通の消費行動であるという認知を形成するために，誰でもその行為を行えることを打ち出す必要があった。企業や女性誌が，「自分へのご褒美」消費に対して身近・手軽・手頃という解釈ができるフレームを創造したことで，より多くの消費者に「自分へのご褒美」消費を身近に感じてもらい，その行為が普通のことであると認知されることを可能にした。そしてそれは，より多くの消費者に対して「自分へのご褒美」消費の採用をうながしたといえよう。

正当性の獲得に向けたフレーミング活動

つぎに，正当性の獲得に向けて，イノベーションの普及者がどのようなフレームの創造・展開を行えばよいのかについて検討する。スノー他（Snow, et al., 1986）は，社会運動団体が自身の活動・目標・イデオロギーと潜在的参加者や支持者の関心・価値・信念を一致させて相補的にするために，4つのフレーミング戦略（フレーム拡大化・フレーム拡張化・フレーム連結化・フレーム変換化）を特定した。この4つのフレーミング戦略は，イノベーションの正当化でも活用できることが，「自分へのご褒美」消費の分析で示唆された。また，スノー他のフレーミング戦略のほかにも，「聖」と「俗」の象徴的フレームを創造・展開することで，イノベーションを正当化することが可能であることも示唆された。具体的に説明する。

道徳的正当性の獲得に有用なフレーミング活動：道徳的正当性の獲得には，フレーム拡大化と「聖」の象徴的フレームの創造が有用であると考えられる。フレーム拡大化とは，潜在的採用者にとって重要な意味を持つにもかかわら

ず，活用されていなかったイノベーションの価値や信念の理想化，装飾化，明確化，または活性化のことを指す。イノベーションが社会的に見て「真っ当である」という評価を獲得するには，社会で共有されている価値・信念・規定などに共鳴する度合いにも関係しているため，フレーム拡大化に効果があるといえよう。たとえば，「自分へのご褒美」消費に対して「『がんばった証』として」フレームが創造されたが，このフレームは「がんばり」や「努力」など日本社会に根差していた価値観と共鳴した。「がんばり」や「努力」といった言葉は，日本社会で非常にポジティブなイメージがある（Heine, et al., 1999）。すなわち，「『がんばった証』として」フレームは社会で美徳とされていた価値観と共鳴し，「自分へのご褒美」消費に対する批判的見解を弱める作用をもたらしたといえよう。

「聖」の象徴的フレームの創造も，道徳的正当性の獲得に有用であると考えられる。イノベーションに対して「聖」の象徴的フレームを創造することで，潜在的採用者にイノベーションが特別であると解釈することを可能とする。また「神聖さ」の特性は，社会的に「正しいことである」といった判断を獲得するのに効果があるといえよう。

実践的正当性の獲得に有用なフレーミング活動：実践的正当性の獲得には，フレーム拡張化と「聖」の象徴的フレームの創造が有用であると考えられる。フレーム拡張化とは，イノベーション普及者の当初の関心から拡張し，潜在的採用者にとって重要な課題や関心事を包含するプロセスである。すなわち，フレーム拡張化では潜在的採用者のニーズに応えることができるため，潜在的採用者にイノベーションを採用することで得られる価値を伝えることが可能である。たとえば，「自分へのご褒美」消費の普及者は「『クリスマスギフト』として」フレームを創造し，社会の批判的見解を弱めるといった初期の関心を包含したものから，より多くの潜在的採用者にとって関連のあるフレームへと拡張させた。クリスマスギフトは日本でも定着している慣習のため，「『クリスマスギフト』として」フレームはより幅広い消費者に「自分へのご褒美」消費を行うための真っ当な理由を与えたといえよう。

「聖」の象徴的フレームは，イノベーションが特別であると解釈されることを可能にすることで，潜在的採用者にイノベーション採用の理由を与える。

結章　正当化プロセスとしてのイノベーション普及論の概念フレームワーク

「自分へのご褒美」消費にあてはめて説明すると，「自分へのご褒美」消費が特別な消費であることがその行為を行う真っ当な理由となり，消費者が「自分へのご褒美」消費を弁明することを可能とする。

　認知的正当性の獲得に有用なフレーミング活動：認知的正当性の獲得には，フレーム連結化，フレーム変換化，そして「俗」の象徴的フレームの創造が有用であると考えられる。フレーム連結化とは，イデオロギー的には適合するものの構造的につながっていないフレームをつなぐプロセスである。フレーム連結化では，イノベーションをマス（大衆）の関心事とつなぐことができるため，イノベーションが普通のことと認知されるようになることをうながすことができる。たとえば「自分へのご褒美」消費は，1990年代に一大ブームとなっていた「癒し」（松井，2004）とつなげられ，「『癒し』として」の「自分へのご褒美」消費というフレームが創造された。

　フレーム変換化は，古い意味を変更して新しい意味を創出するプロセスである。フレーム変換化では，過去にとらわれることなく，新しい意味を創出することができるため，イノベーションが普通のことと認知されるために必要な意味を創出することができる。特に，後期採用者に合った意味を創出し，彼らのイノベーション採用をうながすことができる。たとえば，「自分へのご褒美」消費では「『日常の小さなご褒美』として」のフレームが創造され，クリスマスなど年に一度の特別な行為といった当初の意味から日常的でカジュアルな行為といった新しい意味へと変換された。「自分へのご褒美」消費が決して特別ではなく，気軽な行為であると解釈できるようになったことで，新しいことに対して懐疑的な後期採用者を巻き込むのに効果があったと思われる。

　また，「俗」の象徴的フレームを創造することで，潜在的採用者にイノベーションが日常的なものであると解釈することを可能とする。それは，イノベーションがあたり前のものであるという認知の形成をうながすことができるといえよう。

社会レベルでの集団的活動としてのイノベーションの正当化

さて、ここまででイノベーションの正当化とフレーミング活動について説明してきた。つぎに、イノベーションの正当化が社会レベルで起こる集団的活動であるということについて説明する。

イノベーションの普及とは、社会の人々における情報共有のプロセスであり、それは社会レベルでの集団的活動である（Rogers, 2003）。同様に、イノベーションの正当化ならびに正当化に向けたフレーミング活動も集団的活動であるといえる。図結-2 に社会レベルでのフレーミング活動の概念フレームワークを提示した。以下、図結-2 に沿って説明していこう。

フレームは創造された後、維持されなければならない。しかし、「自分へのご褒美」消費の事例分析で示唆されたのは、フレームの創造者と維持者が同じ企業とは限らないということである。ある企業が創造したフレームが採用者の動員に成功した場合、競合が同じフレームを展開して採用者の動員に努めるようになる。こういった「フレーミング模倣」が業界内で広まり、その結果、そのフレームは維持され、その業界における支配的フレームとなる

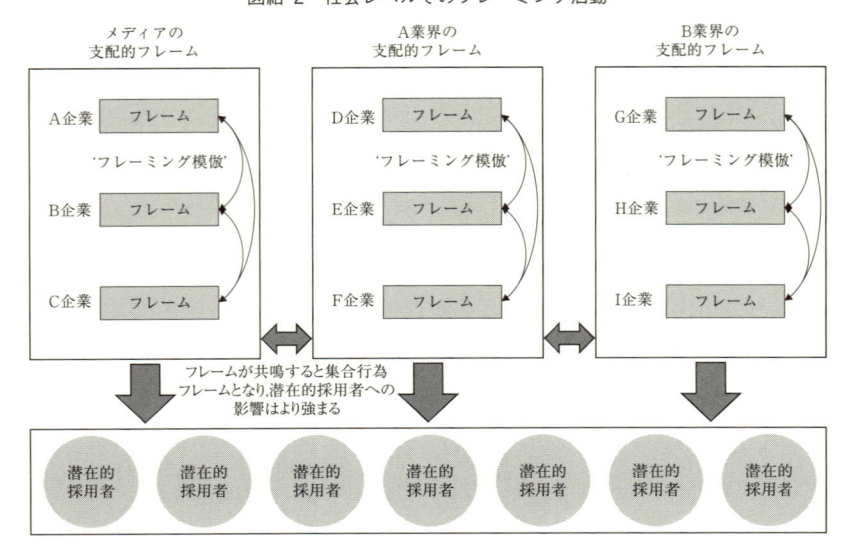

図結-2 社会レベルでのフレーミング活動

のである。支配的フレームは潜在的採用者のイノベーション採用決定に影響を与える。

またこうしたフレーミング活動は，同じイノベーションに対して複数の業界で行われていることもある。ある業界で展開されているフレームと別の業界で展開されているフレームが共鳴すると，それは関係者間で共有される集合行為フレーム（Benford and Snow, 2000）となる。集合行為フレームは，潜在的採用者のイノベーション採用決定に強い影響を与える。

さらに，潜在的採用者のイノベーション採用決定においては情報源の信憑性も影響を与えうるため（青池，2007），企業とメディアといった2つの異なる社会成員から情報が伝達されることにより，情報の信憑性が相補的になる可能性がある。企業広告に対する信用の度合いは低く評価されがちといわれているが（Webster, Jr., 1970），メディアの主張に対する信憑性評価は比較的高く評価される傾向にある。潜在的採用者は，さまざまな情報源からのイノベーションに関する情報を吟味し，情報の信憑性を確認しつつ，得た情報をもとにイノベーションの不確実性を減少させ，その採用決定を行うといえよう。

4. 理論的な含意

本書の理論的含意は，主として5点でまとめることができる。

第1に，本書はこれまで直接的にアプローチされることの少なかったイノベーションの普及におけるコミュニケーションの内容の影響を概念的・経験的に検討した研究である。とりわけ，イノベーション普及をイノベーションの正当化という視点で捉え，イノベーションの正当化と，普及をうながすマネジメント要因としてフレーミングの有用さを「自分へのご褒美」消費の事例研究にもとづいて実証した点は，先行研究に新たな知見をつけ加えるものである。

本書は，イノベーションのように「新しさ」や「不確実性」を備えるものが，社会で受容され，普及していくには，正当性の獲得が重要であることを打ち出している。そして，イノベーションの正当化に向けて有用な要因とし

てフレーミングをとりあげている。フレーミングが有用なのは，潜在的採用者にイノベーションに関するフレームを与えることによって，彼らがイノベーションを彼らの生活空間の中に位置づけ，解釈することを可能とするためである。また，フレームの創造・展開を通じて，イノベーションの価値・目標を社会で共有されている価値や信念ならびに潜在的採用者の関心・価値・信念と一致させて，イノベーションが社会において真っ当なものであると一般に認知されることを可能とすることができるためである。潜在的採用者は，こうしたフレームを得ることで，イノベーションに対する不確実性を減少させ，イノベーションの採用決定を行うことができるといえよう。

第2に，本書はイノベーション普及に対する企業のマーケティング活動や企業間競争の影響についても実証的に示した。ガティグノンとロバートソン（Gatignon and Robertson, 1985）は，今後の普及研究はマーケティング活動と競争の影響を考慮しなければならないと述べているが，本書はその呼びかけに応える実証研究の蓄積にも貢献することができる。特に，イノベーションの正当化プロセスが，複数企業または複数業界が関与する社会レベルでの集団的活動であるという知見は，今後のイノベーション普及の研究にとっても重要な意味を持つと考えられる。

第3に，本書はイノベーションの普及においてマスメディア・コミュニケーションの重要性を再確認した点でも，イノベーション普及研究に貢献することができる。従来のイノベーション普及研究では，ほとんどの人がすでにイノベーションを採用している身近な人からもたらされる判断でイノベーションを評価すると考えられており（Rogers, 2003），パーソナル・インフルエンスが重視される傾向にあった（青池，2007）。しかし本書は，イノベーション普及をイノベーションの正当化として捉えると，普及段階の全過程においてマスメディア・コミュニケーションが重要であることを示唆した。

第4に，本書は社会運動研究の知見がイノベーションの普及にも有用となることを確認した。したがって本書は，社会運動研究の理論の一般化可能性を確認した研究としても位置づけることができる。

同時に，本書の知見は社会運動研究の発展にも貢献できると考えている。特に，本書が明らかにした「意味創造者としてのメディア」は，社会運動の

形成におけるメディアの役割や影響について見直すことに意義があることを示唆している[2]。また，本書でも確認された正当化と集団的活動の関係は，社会運動の形成を集団的活動と捉えて，複数の社会運動団体などの関与を考慮することの重要さを改めて指摘したといえよう。

第5に，本書は「聖と俗」の象徴的議論が，正当化の議論に有用となる点を確認した。記号論と正当性の議論を結びつけた初の試みとしても，正当性に関する先行研究の蓄積に貢献することができる。

5. 実務的な含意

つぎに，本書の議論が企業のイノベーション普及マネジメントに対して与えうる実践的な含意について述べる。

第1に，本書はイノベーションを普及させるプロセスを明らかにし，その重要性を確認した。創造され，送り出されたイノベーションのすべてが普及していくわけではなく，むしろ，イノベーションの多くが普及に失敗している現状を顧みると，イノベーションを創造することだけに企業の資源を投入するのではなく，イノベーションを普及させることにも資源を投入することの重要性を本書は提示している。

第2に，本書は企業がフレーミング活動を行うことによってイノベーションを正当化し，採用者を動員して，イノベーションを普及させていくことが可能であることを示した。「フレーミング」や「正当化」という言葉を使うと難しく聞こえるかも知れないが，端的にいうと，潜在的採用者にイノベーションを採用する理由を与えるということである。具体的なイノベーションの普及が考えられる場面をいくつか例にとって考えてみたい。

たとえば，ある医薬品メーカーが新しい薬を開発したとしよう。その市場は，競合の製品がすでに支配的な地位を占めており，医者からも高い支持を受けている状況である。そのような市場に開発した薬を投入し，普及させたいと考えているとする（すなわち，イノベーションを普及させたいというこ

---

[2] 最近見られる社会運動（たとえば，原子力への反対活動など）においても，メディアの影響力は強いと考えられるため，メディアの役割を見直すことは意味があると思われる。

とである)。潜在的採用者である医者からすると，新しい薬は不確実性が高い。新しい薬は効果が高い可能性があるものの，患者の反応など，その薬を採用した後のことについてはわからないことが多いためである。反対に，既存の薬については長年使ってきた安心感もあり，患者への処方の仕方も心得ている。患者との関係や病院の評判を気にする医者にとっては，新しい薬の採用はリスクをともなう。イノベーションの普及者である医薬品メーカーは，医者に新しい薬を採用してもらうために，その薬の価値と医者の関心・価値・信念などを一致させ，相補的にすることで，医者にその薬を使うことをうながすことが可能である。これが，本書でいう「フレーミング活動」である。医者に対して適切なフレーミング活動を実施し，新しい薬を採用する「真っ当な理由」を与えることで，医者にとってはその薬を使うことが適切となる。そうして，その薬は正当性を獲得し，採用されていく。これが新しい薬を「正当化」することで普及させていく，ということである。

同様のメカニズムは，他のイノベーションにおいても見られるであろう。たとえば，新商品（イノベーション）を消費者に購入してもらうためには，フレーミング活動を行って，新商品に付随する不確実性を減少させ，イノベーションを真っ当なものとすることで，その商品の購入をうながすことができるだろう。このフレーミング活動と正当化は，技術の方が市場ニーズよりも先行してしまっている場合に特に有用であると思われる。市場にその技術に対するニーズが存在していない状況では，消費者はその技術に対してさほど必要性を感じておらず，またそれを採用することの不確実性も高い。そのため，技術に関するフレーミング活動を行うことで，消費者と関連性のある意味を創造することができ，消費者の購入決定をうながすことができる可能性がある。

さらに，いうまでもないが，新しい消費行動を消費者にうながす上でも，フレーミングと正当化は有用であろう。たとえば，「イノベーション25」（内閣府）は「イラストで見る20のイノベーション代表例[3]」のひとつとし

---

3 国民や科学者の意見，そして科学技術予測調査等を参考にしつつ，2025年に目指すべき日本の社会イメージとして20の例が示されている（http://www.cao.go.jp/innovation/action/conference/minutes/20case.html）。

て,「世界中どこでも財布を持たずに生活OK:キャッシュレス・ワールド」をあげている。国際標準化された電子マネーやID管理技術が普及し,財布を持たずとも安全性・利便性の高い多様なサービスを世界中どこででも利用できるというものである[4]。ホームページ上では,このイノベーションを実現するために必要な技術やシステムに焦点があてられているが,このイノベーションの普及を実現するためには,技術の問題だけでなく,消費者が採用に際して知覚する不確実性のマネジメントも重要であると考えられる。電子マネーに対しては「カードや携帯電話の紛失が不安」「セキュリティーが不安」といった使用に対する不確実性,さらには「お金の価値観が変わる」「お金のありがたみを忘れそう」などの価値観における不確実性が知覚されやすい。また消費者にとって,現金をまったく使わないという行動は,これまであたり前とされてきた行動を変える必要がある。「キャッシュレス・ショッピング」といった新しい消費様式を社会に広く普及させる上では,それを正当化することが重要であろう。そのためには,「キャッシュレス・ショッピング」に対してフレーミング活動を行い,潜在的採用者の関心や価値観と一致させることが効果的と思われる。その結果として,「キャッシュレス・ショッピング」という考え方や行動の採用を,さまざまなセグメントに対してうながすことが可能になるのではないだろうか。

　これらの例が示すように,さまざまなイノベーションの普及の場面において,フレーミング活動と正当化が有用であると考えられる。

6. 残された課題

　残された研究課題は決して少なくない。方法論的な課題,「自分へのご褒美」以外のイノベーション事例での追試の必要性,イノベーションの正当化におけるパーソナル・インフルエンスとオピニオン・リーダーの影響の検討,

---

[4] このイノベーションは,日本ではデビットカードやおサイフケータイなどを通じて,一部,実現や普及が始まっている。今後,考えなければならないポイントは,いかにこの消費様式を日本の社会全体に普及させて,著しい社会変化を起こすかということ,そしてこのイノベーションを世界レベルで実現させるか(国際標準化された電子マネーなどの実現・普及)ということの2点であろう。

イノベーションの正当化における企業とメディアの相互関係性の検討，イノベーションの正当化と潜在的採用者のイノベーション採用決定の関係の検証など，課題は山積している。しかし，中でもイノベーション普及と集団的活動の関係については，今後興味深い研究課題のひとつであると思われる。

本書では，「自分へのご褒美」消費の正当化と普及が，複数の企業，複数の業界，さらには企業とメディアといった異なる事業目的を持つ複数の社会成員の関与によって行われたことが確認された。これは，イノベーションの普及が集団的活動であることを示唆しているといえよう。これまでの研究でも，イノベーションの普及が集団過程・社会過程であると捉えられていたが（青池，2007; Rogers, 2003; Robertson, 1971），それは主にさまざまな採用者カテゴリーがイノベーションを採用していく採用プロセスのことを指していた。しかし，本書の分析で明らかとなったのは，イノベーションを普及させていくプロセスも集団的活動でありうるということである。

もしイノベーションを普及させていくプロセスが集団的活動なのであれば，イノベーション普及には複数企業の関与が必須となる。しかし，競合関係にある企業がひとつのイノベーションを普及させるために協働するというのはありうるのであろうか。もしあるとするならば，企業に協働をうながすための仕組みや仕掛けとはどのようなものであろうか。そしてイノベーションの普及に関与するさまざまな企業（あるいはステークホルダー）のコミュニティのマネジメントとは，誰がどのように行う必要があるのであろうか。社会的ネットワークが普及速度に影響を与えることは，これまでの研究ですでに明らかにされているが（Abrahamson and Rosenkopf, 1997 など），イノベーションの普及を支える社会的ネットワークがどのような業界のどのような企業によって構成され，どのような使命のもとにそれら企業は結成し，またそのネットワークはどのようにマネジメントされているのかといったことについては，さらなる研究の余地があると思われる。

「自分へのご褒美」消費は，宝飾品業界，百貨店業界，飲料・食品業界など（もちろん，これら以外の業界の関与もありうる）複数業界の企業の関与によって，日本社会に普及していった。松井（2013）の研究では，消費ブームとは企業行動の集合的な模倣プロセスによって生じるとされている。松井

結章　正当化プロセスとしてのイノベーション普及論の概念フレームワーク

にもとづいて「自分へのご褒美」消費の普及と集団的活動の関係を説明するならば，多様な業界に属する企業が「自分へのご褒美」商品を模倣したことで，「自分へのご褒美」消費が正当化され，社会に普及していったといえよう。しかし，イノベーションの普及と集団的活動の関係について考える上では（特にマネジメント視点から），ある企業が別の企業の行動を模倣する動機についても考える必要がある。すでに成功しているイノベーションを模倣することで売り上げを増加させたいといった思惑[5]以外のもの，たとえば模倣するイノベーションを社会に普及させたいといった思惑も存在するのであろうか。いいかえると，イノベーションの普及を複数の企業で集団的に行うという動機を，イノベーションを創造した企業と模倣する企業の両方が持つことはありうるのであろうかということである。

　このことを考えるのに参考になりそうな理論が社会的ネットワーク理論である。さまざまな領域で行われたネットワークの実証研究では，革新的な活動が何らかの社会的ネットワークの形態で生じやすいことが確認されている。（金井, 1994）。たとえば，研究成果は社会的ネットワークを介してコミュニティで共有され（Allen, 1977; Price, 1986, 1986; Von Hippel, 1987），また芸術は，芸術家，芸術評論家，アート・ディーラー，ミュージアム・ディレクター，学芸員などからなるネットワーク的相互接触を通じて，特定され，意味づけされ，社会的現実として創出されるという（Becker, 1982）。また，フォン・ヒッペル（Von Hippel, 1987）の研究によれば，鉄鋼業における電炉メーカー間では，競争企業の間でも，情報隠匿による独占利潤が業界の正常利潤を上回らない場合には，情報共有ネットワークが生成されていた。これら研究の知見は，イノベーション普及を支える社会的ネットワークの構造やプロセスを理解する上で役立つであろう。

　序章でも触れているが，本研究はイノベーションを普及させるプロセスを明らかにすることを目的とし，丹念にひとつの事例を分析した研究である。

---

[5] 松井は，「癒し」ブームの発生の説明のひとつとして，多様な業界に属する企業が「癒し」関連の商品をつぎつぎと導入したことをあげている。彼は，これら企業が既存顧客の減少といった環境変化に直面し，この窮地から脱するために流行語となっていた「癒し」を利用したと述べている（松井, 2013）。

そのため本研究は探索的なものであり，イノベーションを普及させることを考える上で入り口に立ったに過ぎない。とはいえ，本書はイノベーションの普及における正当性の影響を明らかにし，普及をうながす／妨げる社会的ダイナミクスに関する我々の理解を深めたといえよう。また，イノベーション普及者が，イノベーションを普及させるといった目的を達成するために，フレームを創造・展開することで消費者のイノベーション採用決定に影響を与えることが可能であることも示した。イノベーションが社会に普及していく過程は複雑なものであるが，本書が今後のイノベーション普及の促進に向け，わずかばかりでも新たな見方を提示できていれば，それは一研究者として心から嬉しく思う。

あとがきと謝辞

　本書の母体は，一橋大学大学院国際企業戦略研究科に経営学博士論文の形式で提出され，2011年に受理された。しかし，博士論文作成前後に，多くの方からコメントや課題をいただく機会に恵まれ，本書は博士論文に大幅修正を加えたものとなった。本書がこうして出版に至ることができたのは，多くの方のご支援があったからである。また，京都大学より出版助成を受けることもできた。

　最初に，修士課程以来ご指導いただいている一橋大学大学院国際企業戦略研究の阿久津聡先生にお礼を申し上げたい。私が一橋大学の修士課程（MBA）に進学することが決まり，そのことを叔母である松浦祥子（現・青山学院大学国際マネジメント研究科）に告げたところ，阿久津先生を紹介してもらい，その時以来ずっとお世話になっている。私が研究者の道を歩むかどうかを迷い続けた時，博士論文のテーマがなかなか決まらず不安定な状態が続いた時（結局，2つのテーマに取り組むことになり，今も両テーマに関する研究が進んでいる），どのような時にも変わらず温かく見守ってくださっている阿久津先生には心から感謝している。

　また，博士論文のコミッティメンバーであるアメージャン・クリスティーナ先生，藤川佳則先生にもお礼を申し上げたい。アメージャン先生には，厳しいご指摘と励ましをいつもいただいている。研究者としてグローバルに活躍することの大切さについては，アメージャン先生に教えられた。おかげで，

今では国際学会や海外ジャーナルで発表することに積極的に取り組んでおり，世界中から刺激を受けることができている。藤川先生にも，さまざまな刺激を受けている。私が MBA で教えたいと強く思うようになったのは，藤川先生のハーバード流授業に感銘を受けたためである。「先生に教わる」のではなく，「先生やクラスメートと議論する中で，主体的に学ぶ」ケースメソッド方式，そして藤川先生の見事なファシリテーションには強い衝撃を受けた。学生に能動的に学ぶことを求める私の教育方針は，藤川先生に学んだことが大きい。

そして，大学院では竹内弘高先生（現・ハーバード大学経営大学院）にもたいへんお世話になった。経営学を志すものは，理論の発展だけでなく，実務への貢献も考えなければならないという姿勢は，竹内先生に教わった。私が，学術と実務の懸け橋に少しでもなることができているのであれば，それは竹内先生のおかげである。

大学院生活で感謝しなくてはいけないのは，菅野寛先生（現・一橋大学大学院国際企業戦略研究科長）や古賀健太郎先生をはじめとした先生方，博士課程の先輩である川田英樹先生（現・一橋大学大学院国際企業戦略研究科），そして同級生である塚田修先生（現・香川大学大学院地域マネジメント研究科）と廣瀬文乃先生（現・一橋大学大学院国際企業戦略研究科）である。特に，古賀先生を中心にして，毎月のように開催された Brown Bag Seminar Series（食事を持ち寄って行う勉強会。アメリカでは昼食を茶色の紙袋に入れるため，この名前がついている）では，発表する機会をたびたび得て，参加者からさまざまなコメントやアドバイスをいただき，考えを整理・発展させることができた。また，博士論文の執筆は果てしない作業のように思えたが，同じ道をともに歩む仲間の存在には，いつも元気づけられた。神保町の喫茶店で語り合った日々は，今も私の大きな糧となっている。こうしたいくつもの貴重な機会がなければ，本書は完成しなかっただろう。

一橋大学大学院国際企業戦略研究科事務室の岡安史恵さん，佐野真知子さん，坂田晃子さんをはじめとする方々，野中インスティテュート・オブ・ナレッジの野際法子さんと佐波奈緒子さんをはじめとする方々にもいろいろとお世話になった。博士論文の執筆で行き詰まっている時，スイーツと笑顔を

よく恵んでいただき，おかげで気分をリフレッシュして書き進めることができた。

そして，一橋大学商学研究科の松井剛先生と彼の弟子である大竹光寿先生（現・明治学院大学経済学部）にも，今も変わらずお世話になっている。本書の原型は，松井先生の研究者養成授業「消費研究」に2年間にわたって参加させていただいた中で培われた。また，松井先生の癒し研究関連の論文は，常にお手本とさせていただいた。今回の出版にあたっては，松井先生ご自身も出版を控えていらっしゃる中，何度も草稿に目を通してくださり，コメントをくださった。心からの謝意を記したい。

IIR（Institute of Innovation Research，一橋大学イノベーション研究センター）でお世話になった方々にも本書の刊行をご報告したい。軽部大先生は，突然，電子メールで飛び込んできた私の「イノベーション・マネジメント特論」の聴講依頼をご快諾くださり，いろいろと教えてくださった。そして，IIRサマースクール2011で優秀賞をいただいたことが，本書につながっている。研究発表の司会を務めていただいた武石彰先生（現・京都大学大学院経済学研究科）にいただいた励ましの言葉はずっと支えになってきた。また，偶然にも同じ大学で勤めることとなり，着任してすぐに武石先生の授業「技術経営」に参加させていただき，イノベーションについて学ぶ機会をいただいた。

ほかにも，本書の詳細な内容について，多くの方から貴重なコメントをいただいた。Association of Japanese Business Studies年次大会，日本商業学会全国研究大会，日本商品学会全国大会などで発表する機会をいただき，多くの示唆を得た。また，投稿論文として提出した原稿に対しては，レビュワーの先生方に貴重なコメントを多くいただいた。この場を借りて，お礼を申し上げたい。

マーケティング関連の各種学会や研究会でお世話になっている先生方にも，あらためてお礼を申し上げたい。すべてのお名前を記すにはとても紙幅が足りないが，田中洋先生（中央大学大学院戦略経営研究科），小野譲司先生（青山学院大学経営学部），木村純子先生（法政大学経営学部市場経営学科），坂下玄哲先生（慶應義塾大学大学院経営管理研究科），杉谷陽子先生（上智

大学経済学部経営学科）にご指導を賜った。

　現在の勤務先である京都大学大学院経営管理研究部にも，これ以上望むべくもない研究環境を与えていただいている。松本紘先生（現・京都大学総長），徳賀芳弘先生（現・京都大学経営管理大学院長），小林潔司先生，原良憲先生，松井啓之先生，若林直樹先生，若林靖永先生，前川佳一先生，山内裕先生，竹村幸祐先生はじめ経営管理研究部の先生方のご厚情あってこそ，本書を上梓できた。そして原良憲研究室の西村幸恵さんには，いろいろな面で支援いただき，そのおもてなしのこころにいつも元気づけられている。

　また，本書の草稿にコメントをくださったMBAの同級生である吉川恵美子さんと南谷克実さんにもお礼を申し上げたい。本書は学術的な研究書ではあるが，実務家にも読んでいただくことを願い，現在，実務家として活躍されるお二人に，お忙しい中，読んでいただいた。本書の草稿に対しては，「難しい」と指摘されてしまった。その後，修正を加えてみたが，少しは理解しやすいものとなっているだろうか。今後に向けた反省点としたい。

　本書の出版にあたっては，株式会社白桃書房の平千枝子さんにたいへんお世話になった。非常に厳しいスケジュールにもかかわらず，出版を引き受けてくださったことに感謝している（さらに，ぎりぎりのタイミングで修正原稿を何度もお送りし，本当にご迷惑をかけた）。本書は，平さんのご協力がなければ，こうして陽の目を見ることはなかっただろう。

　最後に，私事になり恐縮だが，家族にも感謝したい。私が6年にもわたる大学院生活を続けてこられたのは，家族の支えがあったからこそである。両親の鈴木幹久・孝子，義弟の佐藤文彦と妹の雅子，姪の稟桜，甥の慎一郎，祖母の鈴木やす子に心からありがとうと伝えたい。叔母の松浦祥子は，私がマーケティングに興味を持つきっかけを与えてくれた存在である。私が大学の卒業を控え，就職活動を行っていた際，マーケティングという仕事を知ったのは叔母を通じてである。また，私が書物や教育に対して関心を持つようになった最大の源泉は，今は亡き祖母の吹田百合である。大阪・豊中市にある祖母が経営していた書店は，私にとって知的刺激の宝庫であった。そして，まだ高校生だった私に，教育者になるといいと指南してくれたことが，今の私につながっているように思う。祖母の期待に少しは応えられているだろう

か。感謝のメッセージとともに，本書を捧げたい。

2013 年 3 月　白梅の咲く京都にて

鈴 木 智 子

参考文献

Abrahamson, E. (1991). Managerial fads and fashions: The diffusion and rejection of innovations. *Academy of Management Review, 16* (3), 586–612.

Abrahamson, E., and Rosenkopf, L. (1997). Social network effects on the extent of innovation diffusion: A computer simulation. *Organization Science, 8* (3), 289–309.

Allen, T. J. (1977). *Managing the flow of technology*. Cambridge, MA: MIT Press.

Ashforth, B. E., and Gibbs, B. W. (1990). The double-edge of organizational legitimation. *Organization Science, 1* (2), 177–194.

Babb, S. (1996). A true American system of finance: Frame resonance in the U. S. labor movement, 1866 to 1886. *American Sociological Review, 61* (6), 1033–1052.

Bartlett, F. C. (1932). *Remembering: A study in experimental and social psychology of mind*. Cambridge: Cambridge University Press.

Bass, F. M. (1969). A new product growth for model consumer durables. *Management Science, 15* (5), 215–228.

Bass, F. M. (1980), The relationship between diffusion curves, experience curves, and demand elasticities for consumer durable technological innovations, *Journal of Business, 53* (3), 51–67.

Bateson, G. (1972). A theory of play and fantasy. In G. Bateson (Ed.), *Steps to an ecology of mind* (pp.177–193). San Francisco: Chandler.

Beal, G. M., and Rogers, E. M. (1960). *The adoption of two farm practices in a central Iowa community*. Agricultural and Home Economics Experiment Station, Iowa State University of Science and Technology.

Becker, H. S. (1982). *Art worlds*. Berkeley, CA: University of California Press.

Bednarek, M. A. (2005). Frames revisited: The coherence-inducing function of frames. *Journal of Pragmatics, 37* (5), 685-705.

Belk, R. W. (1993). Materialism and the making of the modern American Christmas. In D. Miller (Ed.), *Unwrapping Christmas* (pp.75-104). Oxford: Clarendon Press.

Belk, R. W., Wallendorf, M., and Sherry Jr., J. F. (1989). The sacred and the profane in consumer behavior: Theodicy on the odyssey. *Journal of Consumer Research, 16* (1), 1-38.

Benford, R. D., and Snow, D. A. (2000). Framing processes and social movements: An overview and assessment. *Annual Review of Sociology, 26* (1), 611-640.

Berelson, B. (1952), *Content analysis in communication research*. Glencoe, IL: Free Press.

Berger, P., & Luckmann, T. (1967). *The social construction of reality*. New York: Doubleday.

Booz-Allen & Hamilton, Inc. (1981). *New product management for the 1980's*. Chicago: Booz, Allen & Hamilton, Inc.

Clammer, J. (1997). *Contemporary urban Japan: A sociology of consumption*. Oxford: Blackwell Publishers (橋本和孝・堀田泉・高橋英博・善本裕子訳『都市と消費の社会学』ミネルヴァ書房, 2001 年).

Clark, G. (1986). *Symbols of excellence: Precious materials as expressions of status*. Cambridge, England: Cambridge University Press.

Coleman, J., Katz, E., and Menzel, H. (1957). The diffusion of an innovation among physicians. *Sociometry, 20* (4), 253-270.

Cox Jr., W. E. (1967). Product life cycles as marketing models. *Journal of Business*, 40 (4), 375-384.

Creed, W. D., Langstraat, J. A., and Scully, M. A. (2002a). A picture of the frame: Frame analysis as technique and as politics. *Organizational Research Methods, 5* (1), 34-55.

Creed, W. D., Scully, M. A., and Austin, J. R. (2002b). Clothes make the person? The tailoring of legitimating accounts and the social construction of identity. *Organization Science, 13* (5), 475-496.

DiMaggio, P. J., and Powell, W. W. (1983). The iron cage revisited: Institutional isomorphism and collective rationality in organizational fields. *American Sociological Review, 48* (2), 147-160.

DiMaggio, P. J., and Powell, W. W. (1991). Introduction. In W. W. Powell and P. J. DiMaggio (Eds.), *The new institutionalism in organizational analysis* (pp.1-38). Chicago: University of Chicago Press.

Dodds, W. (1973). An application of the Bass model in long-term new product forecasting. *Journal of Marketing Research, 10* (3), 308-311.

Dowling, J., and Pfeffer, J. (1975). Organizational legitimacy: Social values and organizational behavior. *Pacific Sociological Review, 18* (1), 122-136.

Fourt, L. A., and Woodlock, J. W. (1960). Early prediction of market success for new grocery products. *Journal of Marketing, 25* (2), 31-38.

Fullerton, R. A. (1987). The poverty of ahistorical analysis: Present weaknesses and future cure in U. S. marketing thought. In A. F. Firat, N. Dholakia, & R. P. Bagozzi (Eds.), *Philosophical and radical thought in marketing* (pp.97-116). Lexington, MA: Lexington Books.

Gamson, W. A. (1975). *The strategy of discontent*. Homewood, Il.: Dorsey.

Gamson, W. A. (1992). *Talking politics*. New York: Cambridge University Press.

Gamson, W. A., Fireman, B., and Rytina, S. (1982). *Encounters with unjust authorities*. Homewood, IL: Dorsey.

Gamson, W. A., and Lasch, K. E. (1983). The political culture of social welfare policy. In S. E. Spiro & E. Yuchtman-Yaar (Eds.), *Evaluating the welfare state: Social and political perspectives* (pp.397-415). New York: Academic Press.

Gatignon, H., and Robertson, T. S. (1985). A propositional inventory for new diffusion research. *Journal of Consumer Research, 11* (4), 849-867.

George, A. L. (1959). *Propaganda analysis: A study of inferences made from Nazi Propaganda in World war II*. Evanston, IL: Row, Peterson.

Gerhards, J., and Rucht, D. (1992). Mesomobilization: Organizing and framing in two protest campaigns in West Germany. *American Journal of Sociology, 98*, 555-595.

Goffman, E. (1974), *Frame analysis: An essay on the organization of the experience*. Boston, MA: Northeastern University Press.

Golder, P. N. (2000). Historical method in marketing research with new evidence on long-term market share stability. *Journal of Marketing Research, 37* (2), 156-172.

Hauser, J., Tellis, G. J., and Griffin, A. (2006). Research on innovation: A review and agenda for Marketing Science. *Marketing Science, 25* (6), 687-717.

Heany, D. F. (1983). Degrees of product innovation. *Journal of Business Strategy, 3* (4), 3-14.

Heeler, R. M., and Hustad, T. P. (1980). Problems in predicting new product growth for consumer durables. *Management Science, 26* (10), 1007–1020.

Heine, S. J., Lehman, D. R., Markus, H. R., and Kitayama, S. (1999). Is there a universal need for positive self-regard? *Psychological Review, 106* (4), 766–794.

Hirschman, E. C. (Ed.) (1989). *Interpretive consumer research.* Provo, UT: Association for Consumer Research.

Hirschman, E. C. (1990). Secular immortality and the American ideology of affluence. *Journal of Consumer Research, 17* (1), 31–42.

Horsky, D., and Simon, L. S. (1983). Advertising and the diffusion of new products. *Management Science, 1*, 31–47.

Jakobson, R., and Halle, M. (1956). *Fundamentals of language.* The Hague, The Netherlands: Mouton.

Johnson, C., Dowd, T. J., and Ridgeway, C. L. (2006). Legitimacy as a social process. *Annual Review of Sociology, 32*, 53–78.

Kaplan, S. (2008). Framing contests: Strategy making under uncertainty. *Organization Science, 19* (5), 729–752.

Katz, E. (1961). The social itinerary of technical change: Two studies on the diffusion of innovation. *Human Organization, 20* (2), 70–82.

Klonglan, G. E., and Coward Jr., E. W. (1970). The concept of symbolic adoption: A suggested interpretation. *Rural Sociology, 35* (1), 77–83.

Kondo, D. K. (1992). Multiple selves: The aesthetics and politics of artisanal identities. In N. R. Rosenberger (Ed.), *Japanese sense of self* (pp.40–66). Cambridge, England: Cambridge University Press.

Kopytoff, I. (1986). The cultural biography of things: Commoditization as process. In A. Appadurai (Ed.), *The social life of things: Commodities in cultural perspective* (pp.64–91). Cambridge, England: Cambridge University Press.

Krippendorff, K. (1980). *Content analysis: An introduction to its methodology.* Beverly Hills: Sage.

Leeuwen, T. van (2001). Semiotics and iconography. In T. van Leeuwen & C. Jewitt (Eds.), *Handbook of visual analysis* (pp.92–118). London: Sage.

Lilien, G. L., Rao, A. G., and Kalish, S. (1981). Bayesian estimation and control of detailing effort in a repeat purchase diffusion environment. *Management Science, 27* (5), 493–506.

Mahajan, V., Muller, E., and Bass, F. M. (1990). New product diffusion models in marketing: A review and directions for research. *Journal of Marketing, 54* (1), 1-26.

Mansfield, E. (1961). Technical change and the rate of imitation. *Econometrica, 29* (4), 741-766.

Markus, H. R., and Kitayama, S. (1991). Culture and the self: Implications for cognition, emotion, and motivation. *Psychological Review, 98* (2), 224-253.

Markus, H. R., Mullally, P. R., and Kitayama, S. (1997). Selfways: Diversity in modes of cultural participation. In U. Neisser, and D. A. Jopling (Eds.), *The conceptual self in context: Culture, experience, self-understanding* (pp.13-61). Cambridge, England: Cambridge University Press.

Marx, G. T., and Wood, J. (1975). Strands of theory and research in collective behavior. *Annual Review of Sociology, 1*, pp.363-428.

McCarthy, J. D., and Zald, M. N. (1977). Resource mobilization and social movement: A partial theory. *American Journal of Sociology, 82* (6), pp.1212-1241.

McCracken, G. (1986). Culture and consumption: A theoretical account of the structure and movement of the cultural meaning of consumer goods. *Journal of Consumer Research, 13* (1), 71-84.

Medvedev, P. N., and Bakhtin, M. M. (1978). *The formal method in literary scholarship: A critical introduction to sociological poetics* (A. J. Wehrle, Trans.). Baltimore: John Hopkins University Press.

Meyer, J. W., and Rowan, B. (1977). Institutionalized organizations: Formal structure as myth and ceremony. *American Journal of Sociology, 83*, 340-363.

Meyer, J. W., and Scott, W. R. (Eds.). (1983). *Organizational environments: Ritual and rationality*. Beverly Hills, CA: Sage.

Meyer, J. W., and Rowan, B. (1991). Institutionalized organizations: Formal structure as myth and ceremony. In W. W. Powell and P. J. DiMaggio (Eds.), *The new institutionalism in organizational analysis* (pp.41-62). Chicago: University of Chicago Press.

Mick, D. G. (1988). Contributions to the semiotics of marketing and consumer research, 1985-1988. In T. A. Sebeok, and J. Umiker-Sebeok (Eds.), *The semiotic web* (pp.535-584). Berlin: Mouton de Gruyter.

Mick, D. G., Burroughs, J. E., Hetzel, P., and Brannen, M. Y. (2004). Pursuing the meaning of meaning in the commercial world: An international review of marketing and consumer research founded on semiotics. *Semiotica, 152* (1-4), 1-74.

Mick, D. G., and DeMoss, M. (1990). Self-gifts: Phenomenological insights from four contexts. *Journal of Consumer Research, 17* (3), 322–332.

Mick, D. G., and Oswald, L. R. (2006). The semiotic paradigm on meaning in the marketplace. In R. W. Belk (Ed.), *Handbook of qualitative research methods in marketing* (pp.31–45). Cheltenham: Elgar.

Wellin, E. (1955). Water boiling in a Peruvian town. In B. D. Paul (Ed.), *Health, culture and community* (pp.71–103). New York: Russell Sage Foundation.

Midgley, D. (1977). *Innovations and new product marketing*. New York: Wiley.

Midgley, D. F., and Dowling, G. R. (1978). Innovativeness: The concept and its measurement. *Journal of Consumer Research, 4* (4), 229–242.

Nevers, J. V. (1972). Extensions of a new product growth model. *Sloan Management Review, 13* (Winter), 77–91.

Olzak, S., and Uhrig, S. C. N. (2001). The ecology of tactical overlap. *American Sociological Review, 66* (5), 694–717.

Parsons, T. (1960). *Structure and process in modern societies*. Glencoe, IL: Free Press.

Peres, R., Muller, E., and Mahajan, V. (2010). Innovation diffusion and new product growth models: A critical review and research directions. *International Journal of Research in Marketing, 27*, 91–106.

Pettigrew, A. M. (1987). Context and action in the transformation of the firm. *Journal of Management Studies, 24* (6) 649–670.

Pfeffer, J. (1981). Management as symbolic action: The creation and maintenance of organizational paradigms. *Research in Organizational Behavior, 3* (1), 1–52.

Pfeffer, J., and Salancik, G. (1978). *The external control of organizations: A resource dependence perspective*. New York: Harper & Row.

Pollay, R. W. (1985). The subsiding sizzle: A descriptive history of print advertising, 1900–1980. *Journal of Marketing, 49* (3), 24–37.

Polli, R., and Cook, V. (1969). Validity of the product life cycle. *Journal of Business, 42* (4), 385–400.

Price, D. J. de S. (1986). *Little science, big science, and beyond*. New York: Columbia University Press.

Rink, D. R., and Swan, J. E. (1979). Product life cycle research: A literature review. *Journal of Business Research, 7* (3), 219–242.

Robertson, T. S. (1971). *Innovative behavior and communication*, New York: Holt, Rinehart & Winston.

Robertson, T. S., and Wind, Y. (1980). Organizational psychographics and innovativeness. *Journal of Consumer Research, 7*（1），24-31.

Rogers, E. M.（2003）. *Diffusion of innovations*（5th ed.）. New York: Free Press（三藤利雄訳『イノベーションの普及』翔泳社，2007年）.

Rogers, E. M., and Kincaid, D. L.（1981）. *Communication networks: Toward a new paradigm for research*. New York: Free Press.

Rogers, E. M., and Shoemaker, F. F.（1971）. *Communication of innovations: A cross-cultural approach*（2nd ed.）. New York: Free Press.

Rose, G.（2007）. *Visual methodologies*（2nd ed.）. London: Sage.

Ryan, B., and Gross, N. C.（1943）. The diffusion of hybrid seed corn in two Iowa communities. *Rural Sociology, 8*（1），15-24.

Saussure, F. D.（1959）. *Course in general linguistics*. New York: Philosophical Library.

Savitt, R.（1980）. Historical research in marketing. *Journal of Marketing, 44*（4），52-58.

Schank, R. C., and Abelson, R. P.（1977）. *Scripts, plans, goals, and understanding: An inquiry into human knowledge structures*. Hillsdale, NJ: Lawrence Erlbaum.

Schumpeter, J. A.（1926）. *Theorie der wirtschaftlichen Entwicklung: eine Untersuchung über Unternehmergewinn, Kapital, Kredit, Zins und den Konjunkturzyklus*,（2. Aufl.）Leipzig: Duncker & Humblot. 2（塩野谷祐一・中山伊知郎・東畑精一訳『経済発展の理論：企業者利潤・資本・信用・利子および景気の回転に関する一研究（上）（下）』，岩波書店，1977年）.

Sherry Jr., J. F., and Camargo, E. G.（1987）. "May your life be marvelous:" English language labelling and the semiotics of Japanese promotion. *Journal of Consumer Research, 14*（2），174-188.

Simon, H., and Sebastian, K. H.（1987）. Diffusion and advertising: The German telephone campaign. *Management Science, 33*（4），451-466.

Smith, R. A., and Lux, D. S.（1993）. Historical method in consumer research: Developing causal explanations of change. *Journal of Consumer Research, 19*（4），595-610.

Snow, D. A., and Benford, R. D.（2000）. Clarifying the relationship between framing and ideology in the study of social movements: A comment on Oliver and Johnston. *Mobilization, an International Journal, 5*, 55-60.

Snow, D. A., Rochford Jr., E. B., Worden, S. K., and Benford, R. D.（1986）. Frame alignment processes, micromobilization, and movement participation. *American Sociological Review, 51*（4），464-481.

Strauss, A. L., and Corbin, J. M.（1997）. *Grounded theory in practice*. Thousand Oaks, CA: Sage Publications.

Suchman, M. C. (1995). Managing legitimacy: Strategic and institutional approaches. *The Academy of Management Review, 20* (3), 571-610.

Suzuki, S. (2011). *Diffusion of self-gift consumer behavior in interdependent cultures: The case of self-reward consumption practice in Japan.* Unpublished doctoral dissertation, Hitotsubashi University, Tokyo, Japan.

鈴木智子（2011）．「イノベーションの普及と正当化：『自分へのご褒美』消費の普及を事例にして」一橋イノベーションセンター（IIR）サマースクール2011．優秀賞受賞．

鈴木智子（2011）．「消費様式の普及に対するジャーナリズム（メディア言説）の影響：『自分へのご褒美』消費の事例から」日本商品学会2011年度秋季全国大会．

鈴木智子・阿久津聡（2012）．「消費行動に対する文化的自己観の影響に対する考察：弁証法的自己観に着目して」『マーケティングジャーナル』125, pp. 75-87．

鈴木智子（近刊）．「消費の意味創造システムにおけるメディアの役割の再検討：メディアによる意味の創造」『商品研究』58 (3/4), pp. 15-29．

鈴木智子（近刊）．「イノベーションの普及と正当化：『自分へのご褒美』消費を事例にして」『一橋ビジネスレビュー』夏号．

Suzuki, S. (2011). *Managers' rhetorical strategic action in legitimating a new consumption practice: A case of 'jibun e no gohoubi' (self-reward) consumption in Japan.* Proceedings of 24th Annual Meeting on the Assciation of Japanese Business Studies, CD-ROM, Nagoya, Japan.

Suzuki, S. (2011). Role of firms (managers) in legitimizing the self-giving practices in interdependent cultures: the case of '*jibun e no gohoubi*' (self-reward) consumption in Japan. Paper presented at the 61st Annual Meeting on Japan Society of Marketing and Distribution, Kumamoto, Japan.

Suzuki, S. (2012). *Social dynamics in diffusion of new consumption practices: Concurrence of actions by firms amd media.* Paper Presented at the 62nd Annual Meeting on Japan Society of Marketing and Distribution, Sapporo, Japan.

Swidler, A. (1986). Culture in action: Symbols and strategies. *American Sociological Review, 51,* 273-286.

Tannen, D. (1993). What's in a frame?: Surface evidence for underlying expectations. In D. Tannen (Ed.), *Framing in discourse* (pp.14-56). New York: Oxford University Press.

Teece, D. J. (1980). The diffusion of an administrative innovation, *Management Science, 26* (5), 464-470.

参考文献

Thompson, C. J. (2004). Marketplace mythology and discourses of power. *Journal of Consumer Research, 31* (1), 162–180.

Thompson, C. J., and Haytko, D. L. (1997). Speaking of fashion: Consumers' uses of fashion discourses and the appropriation of counterveiling cultural meanings. *Journal of Consumer Research, 24* (1), 15–42.

Tigert, D., and Farivar, B. (1981). The Bass new product growth model: A sensitivity analysis for a high technology product. *Journal of Marketing, 45* (4), 81–90.

Todorov, T. (1984). *Mikhail Bakhtin: The dialogic principle*. Minneapolis: University of Minnesota Press.

Triandis, H. C. (1989). The self and social behavior in differing cultural contexts. *Psychological Review, 96* (3), 506–520.

Triandis, H. C. (1995). *Individualism & collectivism*. Boulder, CO: Westview Press.

Von Hippel, E. (1987). Cooperation between rivals: Informal know-how trading. *Research Policy*, 16 (6), 291–302.

Weber, M. (1968). *On charisma and institution building*. S. N. Eisenstadt (Ed.). Chicago: University of Chicago Press.

Webster Jr., F. E. (1970). Informal communication in industrial markets. *Journal of Marketing Research, 7* (2), 186–189.

Wellin, E. (1955). Water boiling in a Peruvian town. In B. D. Paul (Ed.). *Health, culture and community* (pp.71–103). New York: Russell Sage Foundation.

Wells, W. D. (1993). Discovery-oriented consumer research. *Journal of Consumer Research, 19* (4), 489–504.

Williamson, J. (1978). *Decoding advertisements: Ideology and meaning in advertising*. London: Boyars.

Yamagishi, T., Hashimoto, H., and Schug, J. (2008). Preferences versus strategies as explanations for culture-specific behavior. *Psychological Science, 19* (6), 579–584.

Yin, R. (1984). *Case study research*. Beverly Hills: Sage Publications.

Zelditch, M. (2001). Processes of legitimation: Recent developments and new directions. *Social Psychology Quarterly, 64* (1), 4–17.

Zhao, X., and Belk, R. W. (2008). Politicizing consumer culture: Advertising's appropriation of political ideology in China's social transition. *Journal of Consumer Research, 35* (2), 231–244.

青池愼一 (2007)『イノベーション普及過程論』慶應義塾大学出版会.

有馬明恵 (2011)『内容分析の方法』ナカニシヤ出版.

小澤夏紀・冨家直明・宮野秀市・小山撤平・川上祐佳里・坂野雄二 (2005)「女性誌への曝露が食行動異常に及ぼす影響」『心身医学』45 (7), 521-529.

金井壽宏 (1994)『企業者ネットワーキングの世界——MIT とボストン近辺の企業者コミュニティの探求』白桃書房.

木村純子 (2001)『クリスマス消費の変容に関する研究：構築主義的アプローチによる理解』神戸大学博士学位論文.

熊谷伸子 (2003)「女子学生の購買行動におけるファッション雑誌の影響」『繊維製品消費科学』44 (11), 637-643.

鈴木智子 (2013)「消費の意味創造システムにおけるメディアの役割の再検討：メディアによる意味の創造」『商品研究』58 (3/4), 15-29.

武石彰・青島矢一・軽部大 (2012)『イノベーションの理由——資源動員の創造的正当化』有斐閣.

日吉昭彦 (2004)「内容分析研究の展開」『マス・コミュニケーション研究』64, 5-24.

松井剛 (2004)「『癒し』ブームにおける企業の模倣行動：制度化プロセスとしてのブーム」『流通研究』7 (1), 1-14.

松井剛 (2013)『ことばとマーケティング—「癒し」ブームの消費社会史』碩学舎.

松原惇子 (1988)『クロワッサン症候群』文藝春秋.

村岡清子 (1999)「なぜ，30 代独身女性は消費をリードし続けているのか（特集・女性の変化とマーケットの変化）」『マーケティング・リサーチャー』82, 5-9.

吉田正純 (2006)「社会運動研究における『文化的転回』以後の学習論の諸相」『京都大学生涯教育学・図書館情報学研究』5, 55-66.

米倉誠一郎 (2011)『創発的破壊　未来をつくるイノベーション』ミシマ社.

ブランド名・企業名・雑誌名索引

あ行

アサヒ飲料 …………………………………… 108
アリス ………………………………………… 64
an an ………………………………………… 138
伊勢丹 ……………………………………… 62, 65
with ………………………………… 80, 85, 133, 139
ef ………………………………… 123, 127, 134, 135, 138
エフ・ディ・シィ・プロダクツ …………………… 64
エルメス ………………………………… 58, 63, 135
OZmagazine ………………………………… 137
小田急百貨店新宿店 …………………… 87, 91, 92, 107
OPAQUE OSAKA …………………………… 61
オンワード樫山 ……………………………… 63

か行

カルティエ ……………………… 82, 86, 87, 106
キタムラ ……………………………………… 64
吉祥寺近鉄 …………………………………… 92
QVCジャパン ………………………………… 62
協同乳業 …………………………………… 103
キリンビバレッジ …………………………… 61, 107
キリンビール ………………………………… 62
京王百貨店新宿店 …………………………… 87, 92
Gainer ……………………………………… 123
月刊カドカワ ………………………………… 120
コカ・コーラシステム …………………… 97, 107
コーシン乳業 ………………………………… 63
COSMOPOLITAN ……………………… 123, 127

ゴディバジャパン …………………………… 68

さ行

ザ・プレミアムモルツ ………………………… 65
サンデー毎日 ……………………………… 122
サントーニ …………………………………… 65
サントリー ………………………………… 64, 65
敷島製パン ……………………………… 65, 96, 107
週刊女性 …………………………………… 127
ジョエル・ロブション ………………………… 63
女性自身 ……………………………… 123, 125, 127
女性セブン ………………………………… 125
新宿タカシマヤ ……………………………… 92
西武百貨店 ………………………………… 60
そごう ……………………………………… 60

た行

宝島 ………………………………………… 125
chouchou …………………………………… 136
デ・ビアス ……………… 54, 82, 85, 87, 103, 105, 106
天空の森 …………………………………… 64
東武百貨店池袋店 …………………………… 87

な行

ナポリアイスクリーム ………………………… 61
日経WOMAN ……………………………… 133

日本橋三越本店	92
日本ミルクコミュニティ	93, 103, 107, 108
non no	135

は 行

ハーゲンダッツ	61, 65
Hanako	121, 125, 127, 131, 133, 135
阪急百貨店	60
プラチナ・ギルド・インターナショナル	82, 106
プランタン銀座	60
ブルガリ	58

ま 行

ミキモト	54
明治乳業	61
MORE	80, 85, 121, 125, 127, 130, 132, 133, 137
森永製菓	103, 108
森永乳業	68
モンテール	96, 97, 108

や 行

山崎五十年	64
横浜タカシマヤ	92
4℃	64, 82

ら 行

LEE	127
ルイ・ヴィトン	62
ローソン	68
ロッテ	61, 62, 93, 96, 108

わ 行

ワコール	63

事項索引

あ　行

新しさ ………………1, 3, 14, 15, 29, 31, 69, 144, 153
　――の説明…………………………………………47
　――の負債…………………………………………35
あたり前 …31, 34, 35, 69, 77, 101, 102, 151, 157
イノベーション ……………1, 3, 11, 14, 15, 21, 28
　――の意味…………………………………………28
　――の決定過程……………………21, 22, 23, 25
　――の決定期間……………………………………19
　――の採用決定…………12, 21, 23, 31, 46, 152,
　　　　　　　　　　　　　　153, 154, 157, 160
　――の採用者カテゴリー ……2, 11, 12, 18,
　　　　　　　　　　　　　　19, 46, 72, 145
　　イノベーター …19, 25, 37, 47, 72, 112, 148
　　後期多数派………………19, 72, 112, 145, 148
　　初期採用者………………19, 72, 112, 145, 148
　　初期多数派………………………19, 72, 112, 145
　　ラガード……………………19, 72, 145, 148
　――の採用に必要な学習量 ………16, 18, 71
　――の採用プロセス（過程）………………11
　――の正当化………………………………………48
　――の創造………………………………………iii, 1, 2
　――の不確実性…………………………………16
　――の普及 …………iii, iv, 1, 2, 5, 8, 11, 12, 23,
　　　　　　　　24, 28, 31, 38, 45, 51, 52, 113
　――の普及者 ………2, 4, 6, 7, 8, 32, 38,
　　　　　　　　　　　42, 48, 51, 156, 159
　――の普及プロセス（過程）………iii, 2, 3, 11,
　　　　　　　　　　　　　　　　16, 71, 142
　　S字型曲線パターン …12, 16, 17, 18, 71, 76
　　指数関数パターン ………………12, 17, 18
　　――の普及モデル………………………………25
　　――に対する初期信念 ………16, 17, 18, 71
イノベーション普及研究（論）………11, 12, 27,
　　　　　　　　　　　　　　　　　32, 115
意味 ………………………iv, 3, 42, 48, 81, 104, 138
インベンション……………………………………1, 13
オピニオン・リーダー（個人的影響力）……4,
　　　　　　　　　11, 16, 17, 25, 71, 154, 157

か　行

解釈的分析 ………………………81, 103, 112, 117
革新性………………………………………3, 4, 18, 159
カリスマ……………………………………………58, 59
カリスマ・リーダーによる支持 ………130, 135
企業 ………………………5, 7, 8, 51, 52, 69, 77, 80,
　　　　　　　　　　143, 144, 147, 149, 157
　――の競争……………………11, 12, 26, 29, 47, 73
　　　　　　　　　　　　　76, 108, 113, 154
　――のマーケティング活動………11, 12, 26, 29,
　　　　　　　　　　　60, 73, 76, 79, 115, 154
記号論………………………………………………155
キッチュ……………………………………………137
共鳴…………………………………………………41, 42
経済効果……………………………………………70
交渉…………………………………………………42
個人化………………………………………………130, 132
個人主義……………………………………………74
ご褒美記事
　　エンドースメント型記事 ………………125

179

カタログ型記事 ……………………125
　　　紹介型記事 ………………………125
　　コミュニケーション活動…………iii, iv, 7, 32,
　　　　　　　　　　　　　　　38, 79, 115
　　　広告 …………5, 47, 80, 81, 82, 86, 87, 112
　　コミュニケーション・チャネル…12, 19, 23, 24,
　　　　　　　　　　　　25, 28, 29, 47, 72, 76,
　　　　　　　　　　　　113, 115, 141, 145
　　　インターパーソナル・コミュニ
　　　　ケーション………………19, 23, 24, 25,
　　　　　　　　　　　　47, 72, 141, 145
　　　マスメディア・コミュニケーション …19,
　　　　　　　　　23, 24, 25, 47, 72, 73, 115,
　　　　　　　　　141, 142, 145, 146, 154
　　　雑誌………………52, 80, 115, 116, 121, 123
　　　女性誌 …………4, 73, 76, 77, 113, 115,
　　　　　　　　　116, 117, 120, 141, 142,
　　　　　　　　　144, 145, 146, 147, 149
　　　新聞 …………………52, 54, 60, 73
　　　──のカバレッジ……………………24
　　　──の信憑性 ……24, 28, 47, 52, 153
　　コミュニケーション・メッセージ（内容）
　　　　…………3, 5, 6, 8, 28, 29, 39,
　　　　　　51, 52, 79, 80, 81, 116
　　コモディティ品を対象とする ……………136

　　　　　　　　さ 行

時間の脱特別化（日常化） ………136, 138, 139
時間の特別化 ……………………130, 133
自己贈与化 ………………………130, 134
自分で自分をほめたい ………59, 60, 66, 109
「自分へのご褒美」消費
　　　──のオケージョン …………53, 60
　　　お歳暮 ………………………………67
　　　お中元 ………………………………67
　　　クリスマス …………60, 63, 67, 151
　　　日常 ………………………………151
　　　バレンタイン ……………62, 63, 64, 67
　　　ホワイトデー …………………63, 64, 67
　　　──の採用者 ……………53, 73, 60, 76
　　　キャリア女性 …………………57, 60
　　　シニア ……71, 72, 76, 102, 127, 141, 145
　　　主婦 ………64, 72, 76, 102, 103, 112, 145
　　　団塊世代…………65, 67, 72, 76, 102, 145
　　　男性 ……………64, 65, 67, 68, 71, 72,
　　　　　　　　　　76, 102, 103, 112, 145
　　　ティーンズ ………………………141
　　　独身女性 …………………56, 58, 60
　　　働く若い女性（OL, オフィスレディ） …4,
　　　　　　　　54, 61, 62, 63, 66, 68, 72,

　　　　　　　　76, 85, 102, 103, 104,
　　　　　　　　112, 127, 135, 144, 145
　　40～50代の女性
　　　　…………………………………64
　　──の商品販売チャネル
　　　駅売店 ………………………………96
　　　コンビニエンスストア …………62, 63, 65,
　　　　　　　　　　　　68, 96, 111
　　　スーパー ……………………………68
　　　百貨店業界（百貨店） …60, 61, 65, 73, 76,
　　　　　　　　80, 87, 91, 92, 100, 103, 105,
　　　　　　　　106, 108, 110, 112, 158
　　──の対象品 …………………53, 61, 73
　　アクセサリー商品 …………………………63
　　アンティークラジオ ………………………65
　　ウイスキー …………………………………64
　　エステ ………………………………62, 133
　　海外旅行 …………………………………58, 60
　　外食（レストラン） ……………18, 68, 71, 133
　　菓子 ……………………………………68, 136
　　菓子パン ……………………………………96
　　カバン ……………………………………135
　　靴 ……………………………………………65
　　高額商品（消費） ……………………60, 65, 70
　　高級化粧品 ……………………………60, 61, 62
　　高級食材 ……………………………………68
　　高級チョコレート ……………………62, 68
　　高級時計（腕時計） ……58, 60, 65, 67, 121,
　　　　　　　　　　　130, 131, 132, 133
　　高級ホテル ……………………58, 60, 62, 65,
　　　　　　　　　　67, 69, 73, 138
　　高級（有名）ブランド ……58, 61, 62, 65,
　　　　　　　　　　　68, 121, 130, 139
　　香水 …………………………………………65
　　雑貨 …………………………………………61
　　スイーツ …………………………………5, 97
　　スキンケア ………………………………138
　　デザート ……………………………96, 97
　　テーブルウェア ……………………………62
　　手頃（手軽）なご褒美品 ………61, 62, 136
　　手の届く高級品 …………………………61, 63
　　日用品 ……………………………136, 137, 139
　　バスソルト …………………………………68
　　バッグ ……………………………………132
　　ひな人形 …………………………………65
　　プチご褒美 ………………………………68
　　ブリキ玩具 ………………………………65
　　プリン …………………………………63, 68
　　プレミアムアイスクリーム ……61, 62, 63,
　　　　　　　　　　　　　65, 66, 73
　　プレミアムアルコール飲料 ……………62, 63
　　プレミアムコーヒー ……………………102
　　プレミアムデザート ………………………68

事項索引

プレミアムビール ……………65, 102
宝飾品（ジュエリー，宝石）……5, 54, 60,
　　　　　　　　61, 67, 68, 69, 104, 121,
　　　　　　　　130, 131, 132, 134, 137
マグカップ ………………………………136
ラーメン …………………………………136
リゾート ……………………………………64
リラクゼーションサロン ………………137
──の定着 …………………………67, 76
──の普及者 ……………………………53
飲料業界 …73, 76, 80, 93, 96, 100, 103, 105,
　　　　　107, 108, 110, 111, 112, 146, 158
食品業界 …73, 76, 80, 93, 96, 100, 103, 105,
　　　　　107, 108, 110, 111, 112, 146
百貨店業界（百貨店） …60, 61, 65, 73, 76,
　　　　　80, 87, 91, 92, 100, 103, 105,
　　　　　106, 108, 110, 112, 158
宝飾品業界 …………73, 76, 80, 82, 85, 86,
　　　　　　　87, 91, 100, 101, 102, 103,
　　　　　　　105, 107, 108, 112, 158
メディア ……………4, 5, 7, 8, 51, 52, 60,
　　　　　　　　69, 77, 115, 144, 157
──の理由 …………………81, 82, 87, 93
いい女になるため ………84, 85, 87, 90
『癒し』として ………87, 90, 94, 95, 96, 97,
　　　　98, 101, 102, 104, 107, 108, 151
『がんばった証』として ……54, 56, 66, 69,
　　　　84, 85, 86, 87, 90, 91, 94, 95, 100, 103,
　　　　106, 107, 108, 109, 120, 121, 150
記念日のギフトとして ………84, 85, 89, 90
『クリスマスギフト』として……84, 85, 89,
　　　　90, 91, 92, 94, 101, 103, 104,
　　　　106, 107, 108, 110, 150
これから先もがんばるため ……84, 89, 90
幸せになるため………84, 85, 87, 90, 94, 95
『日常の小さなご褒美』として ……94, 96,
　　　　101, 102, 103, 104, 107, 111, 151
『バレンタインギフト』として ……89, 90,
　　　　　　　　94, 95
──に対する批判的見解 ……57, 70, 71, 76,
　　　　　　　　101, 104, 140, 150
社会
　──の構造 ……11, 12, 27, 29, 74, 113, 158
　──で共有されている規範・価値・
　　信念・定義 …27, 32, 33, 34, 38, 41, 74
社会運動 …………………………7, 39, 45, 51
　──団体 ……………7, 8, 32, 39, 45, 46, 47
社会運動研究 …………………7, 31, 32, 39, 40,
　　　　　　　　　42, 79, 144, 154
　──における資源動員論……………………39
　──における集団行動論……………………39
社会構成主義………………………………40

社会的ネットワーク ……………………159
社会的模倣 ………………………16, 17, 71
社会的リスク ……………………………70, 101
社会変化（社会の改革）……1, 3, 13, 18, 69, 70
社会レベル ………………………………79, 105
集団主義……………………………………74
集団的活動 ………………37, 38, 45, 47, 113, 146,
　　　　　　　151, 152, 154, 157, 158
象徴 ……………………132, 134, 140, 155
象徴的採用 …………………………………22
消費様式 ……………iv, 3, 8, 11, 14, 15, 28
情報共有のプロセス（過程）………45, 152
情報の伝達 …………………5, 23, 28, 147
神聖な消費 ……………117, 120, 127, 130, 131,
　　　　　　135, 136, 139, 140, 141, 146
神秘性の付与 …………………………130, 131
聖 ……………117, 127, 130, 145, 149, 150, 155
正当化 …………iii, 7, 8, 31, 32, 33, 43, 45, 77, 79,
　　　　102, 103, 112, 116, 141, 143, 144,
　　　　145, 146, 147, 151, 152, 153, 156, 157
正当化戦略 ……………………………31, 35
　──における環境との適合 …………35, 37
　──における環境の選択 ……………35, 36
　──における環境の操作 ……………35, 37
正当化プロセス ……31, 38, 45, 46, 47, 51, 100,
　　　　　　　113, 116, 142, 144, 146, 154
正当性……………7, 31, 32, 33, 34, 35, 38, 45,
　　　　46, 51, 57, 100, 101, 102,
　　　　140, 144, 153, 156, 159
　　実践的正当性 …………34, 35, 36, 37, 101,
　　　　　　　　112, 140, 141, 147, 150
　　道徳的正当性 …………34, 35, 36, 37, 100, 112,
　　　　　　　　140, 141, 147, 149, 150
　　認知的正当性 …………34, 35, 36, 37, 101, 102,
　　　　　　　　112, 140, 141, 148, 151
　──における「負債」………57, 76, 147
　──の制度論的アプローチ……………33, 34
　──の戦略論的アプローチ……………33, 34
世俗的な消費 ……………117, 120, 130, 136, 137,
　　　　　　　139, 140, 141, 146
セルフ・ギフト …………………………104
潜在的採用者 ……2, 15, 21, 23, 25, 28, 31, 77, 155
潜在的参加者 ……………………………42, 46
相互協調的自己観……………………………74
相互独立的自己観……………………………74
俗 ……………117, 127, 145, 149, 151, 155

た　行

大衆化 ……………………………37, 101, 102
動員

採用者の―― ………43, 45, 46, 145, 152, 155
支持者（支援者）の―― ……7, 40, 42, 45, 46
消費者の―― ………………………108, 146
脱自己贈与化 ………………………136, 139
脱神聖化 ……………………………………137
低価格の強調 …………………136, 137, 138
特別な品を対象とする ……………………130

な 行

内容分析 …………………………………5, 6, 81
日本社会で共有されている規範・価
　値・信念・定義・自己観 ………3, 70, 74, 75,
　　　　　　　　　　　　76, 100, 103, 150

は 行

バス・モデル（Bass Model）……2, 4, 12, 16, 25,
　　　　　　　　　　　　28, 47, 141, 145
標準化 …………………………………37, 101, 102
不確実性………15, 16, 18, 21, 23, 24, 28, 29, 31,
　　　　32, 35, 42, 69, 70, 71, 74, 77, 143,
　　　　144, 145, 153, 154, 155, 156, 157
ブーム ……………………………………60, 67, 102
フレーミング ……iii, 7, 8, 31, 32, 39, 40, 42, 43,
　　　　　　45, 47, 51, 79, 112, 113, 116,
　　　　　　127, 141, 144, 145, 146, 149,
　　　　　　151, 152, 153, 155, 156, 157
フレーミング・コンテスト …………………42
　業界間の―― …………108, 109, 111, 113, 146
フレーミング模倣…106, 107, 108, 113, 146, 152
フレーム ………7, 8, 32, 40, 42, 43, 44, 46, 79, 81,
　　　　84, 85, 87, 90, 95, 96, 100, 101,
　　　　102, 103, 104, 110, 112, 115, 116,
　　　　126, 130, 136, 139, 140, 141, 145,
　　　　146, 147, 148, 149, 152, 154, 159
　支配的フレーム …42, 81, 87, 91, 103, 105,
　　　　　　　　　108, 111, 112, 113, 146
　集合行為フレーム ……42, 45, 48, 108, 109,
　　　　　　　　　110, 111, 112, 146, 153
　象徴的フレーム …………145, 149, 150, 151
　フレーム調整過程 …………40, 41, 42, 46, 47,
　　　　　　　　　　103, 105, 112, 145
　フレーム拡大化 …………41, 103, 104, 145,
　　　　　　　　　　　　　149, 150, 157
　フレーム拡張化 …………………41, 104, 145,
　　　　　　　　　　　　　149, 150, 157
　フレーム変換化 …………41, 104, 145, 149, 151
　フレーム連結化 …………41, 104, 145, 149, 151
フレーム分析 ………………………82, 87, 93
弁明……………………………………………33

ま 行

真っ当 …………32, 33, 100, 102, 147, 150, 154
　――な理由………101, 140, 148, 150, 151, 156

や 行

有名人………………………………36, 58, 124, 125, 135

ら 行

リスク ……………………………………35, 156
リーマン・ショック ………………………68
流行語大賞 ……………………………………59, 60
歴史的分析 ……………………5, 52, 72, 73, 76, 80

人名索引

あ 行

青池慎一 ……………………………… 2, 24
アベルソン, R. P. ………………………… 43, 44
有森裕子 ………………………… 59, 66, 109
宇野善康 ……………………………………… 2

か 行

カッツ, E. ………………………………… 27
ガティグノン, H. ……………………… 11, 154
カプラン, S. …………………………………… 42
北山忍 ………………………………………… 74
クロングラン, G. E. ………………………… 22
古内東子 ……………………………………… 135
ゴールダー, P. N. …………………………… 52
ゴッフマン, E. ……………………… 40, 43, 44
コワード, E. W. ……………………………… 22

さ 行

サックマン, M. C. ………… 32, 33, 34, 35, 37,
47, 100, 102, 140
シャンク, R. C. ……………………… 43, 44
ジャン・ポール・エヴァン ………………… 62
シュンペーター, J. A. ……………… 13, 14
ジョエル・ロブション ……………………… 63
ジョンソン, C. D. ………………… 38, 100, 102
スィードラー, A. ……………………………… 34

スノー, D. A. ……………… 40, 41, 42, 44, 45, 47, 79,
103, 104, 105, 112, 145, 149

た 行

武石彰 ………………………………………… 13
伊達公子 ……………………………………… 58
トリアンディス, H. C. ……………………… 74

な 行

永井大 ………………………………………… 125
中村うさぎ …………………………………… 73
中村江里子 …………………………………… 58
西田ひかる …………………………………… 135

は 行

バス, F. M. ……………………………… 2, 24
バフチン, M. M. ……………………………… 45
広田礼子 ……………………………………… 54
フォン・ヒッペル, E. ………………………… 159
ベイトソン, G. ………………………………… 44
ベンフォード, R. D. ………………………… 104

ま 行

マーカス, H. R. ……………………………… 74
松原惇子 ……………………………………… 116

宮沢りえ ·····················135

や　行

米倉誠一郎·····················13

ら　行

ロジャーズ, E. M. ············iii, 2, 3, 11, 14, 15, 21, 23, 24, 69, 143
ロバートソン, T. S. ····························11, 154

わ　行

渡辺満里奈 ·····················124

■ 著者紹介

鈴木智子（すずき　さとこ）

一橋大学大学院国際企業戦略研究科修士（MBA），同博士後期課程（DBA）修了。
博士（経営学）。日本ロレアル㈱，㈱ボストン・コンサルティング・グループなどを経て，現在，京都大学大学院経営管理研究部特定講師。
専門は消費者行動論，国際マーケティング。
連絡先：suzuki@gsm.kyoto-u.ac.jp
主な論文：

「消費の意味創造システムにおけるメディアの役割の再検討：メディアによる意味の創造」『商品研究』58(3/4)，2013

「イノベーションの普及と正当化：『自分へのご褒美』消費を事例にして」『一橋ビジネスレビュー』夏号，近刊

"I don't need an agreement on my inconsistent consumption preferences: Multiple selves and consumption in Japan"（共著）．*Advances in Consumer Research*（forthcoming）

"Culture and social media: Exploration of differences between the U. S. and Japan"（共著）．*Social media and management*．Emerald（分担執筆）(forthcoming)

「消費行動に対する文化的自己観の影響に対する考察：弁証法的自己観に着目して」（共著）『マーケティングジャーナル』125，2012

「イノベーションの普及と正当化プロセス：『自分へのご褒美』消費の普及を事例にして」一橋イノベーションセンター（IIR）サマースクール2011，2011．優秀賞受賞

■ イノベーションの普及における正当化とフレーミングの役割
　　―「自分へのご褒美」消費の事例から

■ 発行日──2013年3月29日　初版発行　　　　　　〈検印省略〉

■ 著　者──鈴木　智子

■ 発行者──大矢栄一郎

■ 発行所──株式会社　白桃書房
　　〒101-0021　東京都千代田区外神田 5-1-15
　　☎03-3836-4781　📠03-3836-9570　振替00100-4-20192
　　http://www.hakutou.co.jp/

■ 印刷・製本──三和印刷

Ⓒ Satoko Suzuki　2013　Printed in Japan　ISBN978-4-561-26612-9　C3034

本書のコピー，スキャン，デジタル化等の無断複製は著作権法上での例外を除き禁じられています。本書を代行業者等の第三者に依頼してスキャンやデジタル化することは，たとえ個人や家庭内の利用であっても著作権法上認められておりません。

JCOPY　〈㈳出版者著作権管理機構　委託出版物〉

本書の無断複写は著作権法上での例外を除き禁じられています。複写される場合は，そのつど事前に，㈳出版者著作権管理機構（電話 03-3513-6969，FAX 03-3513-6979，e-mail: info@jcopy.or.jp）の許諾を得てください。

落丁本・乱丁本はおとりかえいたします。

好評書

大薗恵美・児玉 充・谷地弘安・野中郁次郎著
イノベーションの実践理論　　　　　　本体価格 3500円

渡部俊也著
イノベーターの知財マネジメント　　　　本体価格 4000円
　―「技術の生まれる瞬間」から「オープンイノベーションの収益化」まで―

小川紘一著
国際標準化と事業戦略　　　　　　　　　本体価格 3800円
　―日本型イノベーションとしての標準化ビジネスモデル―

原山優子・氏家 豊・出川 通著
産業革新の源泉　　　　　　　　　　　　本体価格 3000円
　―ベンチャー企業が駆動するイノベーション・エコシステム―

塚田 修著
営業トヨタウェイのグローバル戦略　　　本体価格 2381円

東京　白桃書房　神田

本広告の価格は本体価格です。別途消費税が加算されます。

好評書

嶋口充輝監修／川又啓子・余田拓郎・黒岩健一郎編著
マーケティング科学の方法論　　　　　　　本体価格 3200円

小川　進著
競争的共創論　　　　　　　　　　　　　　本体価格 2500円
　―革新参加社会の到来―

後藤美希著
インターネットマーケティング　　　　　　本体価格 3600円

小見志郎著
プラットフォーム・モデルの競争戦略　　　本体価格 3000円
　―事業創造のマネジメント―

森永泰史著
デザイン重視の製品開発マネジメント　　　本体価格 3800円
　―製品開発とブランド構築のインタセクション―

東京　白桃書房　神田

本広告の価格は本体価格です。別途消費税が加算されます。

好評書

岩谷昌樹・徳田明雄編著
ケースブック戦略的マネジメント　　　本体価格　2800円

片野浩一著
マス・カスタマイゼーション戦略のメカニズム　　本体価格　2800円
―個客対応マーケティングの実践と成果―

D.A.アーカー・G.S.デイ著／石井淳蔵・野中郁次郎訳
マーケティング・リサーチ　　　　　本体価格　4960円
―企業と公組織の意思決定―

大江ひろ子編著
コミュニケーション・マーケティング　　本体価格　2800円
―共鳴と共感の対話型企業経営―

大石芳裕編／グローバル・マーケティング研究会著
日本企業のグローバル・マーケティング　　本体価格　2800円

東京　白桃書房　神田

本広告の価格は本体価格です。別途消費税が加算されます。